天下文化
BELIEVE IN READING

長期買進

財金教授

周冠男的*42*堂

自制力投資課

周冠男——

著

目錄

推薦序
兼具理論及實務的投資書

　　周冠男教授是我以前中央大學財務金融學系的同事，過去我也常和他一起出國參加國際學術研討會，看著他從青澀學者逐漸蛻變成長為傑出優秀學者。

　　周教授一直非常專注在學術研究，成績卓著，回國任教後投入行為財務學研究，是國內此一領域的研究先行者，現在已經是該領域優異學者之一，在教學方面也深受學生愛戴，是國內財務金融學界的名師。

　　一般投資人常常不自覺陷入各種決策行為偏誤，例如沒有充足資訊，卻仍然喜歡猜測市場，耽於短線交易，出現交易損失後便離開市場，錯失長期投資，承擔市場風險帶來的資產複利累積優勢。

　　欣聞周教授將多年研究及教學心得整理出書，深入淺出分析一般投資人的心理偏誤與常見的投資決策錯誤，還有應該如何避免犯錯。另外也說明在行為決策觀點下，個人的最佳投資策略設計，並詳細分析常見的金融商品是否適合一般投資人。

　　本書是市面上少見兼具學術理論基礎與投資實務的科普投

資策略書籍，筆調雖然輕鬆活潑，但在詼諧的背後卻連結著嚴謹的理論基礎，像杯看似平淡無奇卻需繁複工序的極品咖啡，值得你細細品味。

　　讀完本書，一定有助於你提升投資力，祝福本書讀者都能入寶山後滿載而歸。

（推薦人為財團法人中華民國證券暨期貨市場發展基金會董事長）

推薦序

最簡單的投資方法，才是最好

　　維克多‧哈加尼（Victor Haghani）是華爾街金融機構套利部門的高階主管，多年來利用複雜且專業的金融工程演算法幫公司賺進大把鈔票。

　　1993 年，自認掌握金融市場獲利方程式的哈加尼連同六位金融專業人士成立長期資本管理公司（Long-Term Capital Management）幫客戶管理資金，團隊除了哈加尼這樣的金融專業交易員，還有一位美國聯準會副主席及兩位諾貝爾經濟學獎得主，堅強陣容被當時媒體稱為金融業的「夢幻團隊」。

　　這個團隊剛開始的確也沒有讓投資人失望，利用先進且複雜的套利演算法，1993 ～ 1997 年創造的投資報酬率是同期美國 S&P500 指數 2 倍以上，一開始投資的 1 萬美元到 1997 年底成長到 4 萬美元，驚人績效讓該公司 1996 年即決定不再接受外部投資人，只接受員工資金！

　　十多年後，2011 年哈加尼創辦另一家資產管理公司，同樣幫客戶管理資金，但此時用的投資方法是分散資金到全球資產的低成本指數型 ETF 中，他堅信這是對客戶資金長期最好的投

資方法。

　　為什麼是低成本 ETF？為什麼要全球分散投資？不是應該用很厲害的演算法來套利嗎？哈加尼應該是最不可能使用指數型投資的人，為何多年後有這麼大的轉變？

　　其實前文的故事沒有講完，經歷 1993 ～ 1997 年的大成功，1998 年長期資本管理公司遇到亞洲金融風暴，導致俄羅斯公債違約，該公司因大筆資金投資該項目造成破產，並且引發金融市場震盪。

　　最後紐約聯邦準備銀行聯合數十家銀行團接手才解決市場危機，但長期資本管理公司的投資人在公司清算後，只能拿回原本投資額的 1% 左右。哈加尼深刻體會金融市場具有高度不可預測性，沒有任何模型可以預測，轉而大力推廣分散的指數型投資。

　　傳統經驗告訴我們，要解決複雜的問題，通常要用複雜的方法，但前文故事告訴我們，面對金融市場如此高度不確性的環境，用最簡單的投資方法往往才是最好的，這方法就是資產配置、分散投資組合及長期投資。

正確的投資行為是投資成功的關鍵

　　因為認同這樣的理念，2017 年我們創辦了阿爾發機器人理財公司，希望用金融科技的力量，讓更多人用資產配置且分散

的組合來長期投資，並協助投資人達成人生重要的財務目標。

成功的投資方法很簡單，但執行卻很困難，人們會被各種資訊（或雜訊）干擾，被帶向錯誤的道路，追求短期熱門標的、追高殺低和預測買賣時機等。

投資人為何會有錯誤行為？學術界過去數十年對此有相當的研究，稱為行為財務學，但台灣民眾對此所知甚少，財經媒體也很少談論此議題。

我們當時從許多管道獲知，政治大學周冠男教授對此十分專精，如願認識周教授後，發覺他果然對於投資行為非常了解，除了在學校教授相關知識，也常在不同場合傳達正確投資行為，用簡單易懂的比喻讓很多人理解哪些是錯誤的投資行為，造福廣大投資民眾。

過去台灣談論投資行為的書籍非常少，很開心看到周教授出版新書，清楚點出錯誤的投資決策，讓所有人收穫滿滿。這本書不僅投資小白踏入投資旅程前必讀，投資老手更能從書中理解過去投資績效為何總是不盡人意。

股市有句諺語：「一賺、兩平、七虧。」也就是十個股市投資人，只有一個人賺到錢、兩個人不賺不虧，而七個人虧錢。

為何多數人總是賠錢？很多人都誤以為是自己選股技巧不夠或是判斷市場漲跌的功力太差等，看完這本書相信就能夠豁然開朗了，特別是 Part3 清楚指出，想獲取長期投資成功，需要

知道的不是市場經濟數據，不是產業發展趨勢，更不是眾多技術指標，關鍵是正確的投資行為。

　　《長期買進》是帶領你走上成功投資的必備經典，我們大力推薦！

（推薦人為阿爾發金融科技董事長楊琇惠、

阿爾發證券投資顧問董事長陳志彥）

共同推薦

自序
我的投資答案：
被動型 ETF ＋長期投資

　　2023 年農曆過年前，在太座的首肯之下，終於決定將開了
十六年的車子換掉，我自己屬意的新車是某德系休旅車。

　　週末帶全家去看車，念國中的兒子比我對車子更有興趣，
在他「強力」期盼下，第一站到了義大利跑車瑪莎拉蒂的展場，
他整個眼睛都在發亮，每部車都要看一下、摸一下、坐一下。

　　第二站到了某德系跑車展場，兒子還算有興趣，願意摸摸
看、坐坐看，但是無奈這個品牌的車子太受歡迎，要先繳訂金
排隊，但車子什麼時候會抵達台灣還不確定，而且到港時的價
格也不確定。

　　第三站來到我屬意的德系品牌，他的眼神立刻從閃閃發亮
轉為淡漠，俗稱眼神死，試駕時叫他上車也完全沒興趣。

一部跑車和特殊車牌的社會實驗

　　於是我們又轉回瑪莎拉蒂的展場，在銷售小哥舌粲蓮花和
兒子殷殷期盼的眼神之下，想想自己剩下的人生頂多再開兩台

車吧？換一台不同的小眾車款，也不會每次停個紅綠燈就像在辦車友聚會。在馬上有車子可以交付，且有延長保固和延長免費保養的優惠前提之下，於是就這麼（有限理性）決定購入人生第一台義大利跑旅。

業務員問我的車牌有沒有特殊選號需求，我靈機一動想到，既然我長期投資元大台灣卓越 50（0050）指數股票型基金（ETF），從中獲得不錯的報酬，那何不用 0050 當車牌號碼呢？

台灣車牌號碼標售的起標價格是 3,000 元，我用這個價格開始競標，到結標都沒有人跟我競標。我猜是根本沒人知道這個號碼代表什麼意義，否則我有個國中同學光標購尾號 1688 的車牌就花了將近 20 萬。

某天在台北車站地下停車場剛好停到 056 號車位，於是隨手拍了一張照片傳給在元大金控擔任高層主管的大學同學，大家都知道 0056 是元大高股息 ETF 的代碼，我的車牌 0050 也是起源於元大投信發行的 ETF 代碼，因此我想用這張照片告訴他我多麼支持他們公司的 ETF。

同學跟我說這照片太經典了，他一轉給同事就馬上有人和他聯絡，想要採訪我。我想後面的故事應該很多讀者在媒體上看過，台灣媒體一窩蜂報導了許久。

我講了二十幾年的被動投資觀念，從來沒有受到這麼高度的重視，但是在買了新車掛上 0050 的車牌後，卻引起全台媒體

大量關注。經過一輪媒體轟炸後，我不確定有多少人真正理解我想傳達的長期投資想法。仔細一想這不正好印證行為財務學說的：「數字及統計不吸引人，敘事性的故事才動聽。」

看來自己誤打誤撞做了一個社會實驗，再次證明敘事性故事確實比冷冰冰的數字更有用。

這不是一夜致富的故事

多數人或許會把故事簡化為，認為我能買瑪莎拉蒂是因為把長期投資的 0050 獲利了結，把錢拿去買車。但我並不是賣掉 ETF 拿現金去買車，而是辦了車貸分期付款買的。

然而這個買 ETF「賺大錢」再獲利了結買車的故事，非常簡單易懂，某種程度上又帶有「一夜致富」的想法，自然非常容易引起大眾興趣。

但故事永遠不是這麼簡單，我持續買進台灣與美國的大盤指數型 ETF 超過二十年，絕對不是一夜致富。我從來不猜測市場走勢而短線進出交易，而是堅定的持續定期買進市場指數型 ETF，持續買不要賣。

所謂市場型指數 ETF 是指追蹤某個廣泛大盤指數的投資組合 ETF，我們談的被動式投資是完全根據指數成分股形成投資組合，不做主動積極的擇時進出場或選擇投資標的股票。市場指數型被動型 ETF 一般由投資信託公司發行，在股票市場上掛

牌交易，交易方式與股票買賣同樣簡便，一般投資人熟悉的全市場型指數 ETF 有 S&P 500 ETF 以及台灣 50 指數 ETF。

　　只有出現流動性需求要使用現金時，例如繳交購屋頭期款，才會選擇賣出，我從來都是該賣就賣，不會考慮當下是相對高點或低點，然而這麼簡單的投資法一般人卻很難做到。

　　經過多年授課時與學生及一般投資人討論相關議題和觀念後，我很驚訝的發現多數人都認為投資要成功，必須努力蒐集並分析資訊，要「認真做功課」。

　　當我說其實投資只要盡量分散，做好資產配置，然後長期投入、長期持有即可，完全不用分析資訊，不要更換投資標的，坐著等資產長大就好，多數人一開始通常都很難接受這種想法，甚至完全不相信。因此我慢慢了解到，愈簡單的道理竟然愈難懂，知難行難。

放棄吧！短線交易是一門專業

　　我大學畢業後便到美國留學，取得 MBA 會計碩士及財務金融學博士，也通過美國會計師考試。從 1999 年回國教書算起，已在學界服務二十幾年，我一路在八年內自助理教授升等為副教授、正教授，並從 2015 年起獲聘為政治大學特聘教授。

　　論會計與財務金融專業背景，我自信應該具有相當分析能力。市場上許多分析師與交易員常用的股價基本分析、技術分

析、債券評價、期貨選擇權訂價、期貨現貨套利策略、公司現金流預測和財務報表分析等，其實都是我在課堂教給學生的主要內容。

但常有親朋好友問我為何投資時都不應用這些分析工具與能力，我的想法是主動極短線投資交易需要耗費大量時間與精力，我有相關知識，但沒有時間做這些分析。

我的專業是學術研究與教學，不是交易，而這些分析工作與交易策略正是學生進入金融業界後主要的工作，他們的本業就是要在市場上比你賺更多錢。

資本與知識是累積財富的基礎

每個人的金錢觀多少都受到原生家庭影響。

我祖父有十幾個小孩，無法負擔龐大的教養費用，父親小學畢業後，十三歲就開始批發冰棒在平溪街上賣，大約在我出生時搬到木柵開雜貨店，開始逐漸擴充規模。

父親非常認真執著，後來也成為中盤商，客戶遍及平溪、菁桐、深坑、烏來、石碇和新店，極盛時期有三、四台貨車送貨到各個雜貨店，而且經營兩間平價中心。

小時候印象最深刻的是農曆過年前後店裡來客川流不息，父母便通宵開店，在店裡鋪紙板輪流睡覺，這算是第一代的二十四小時便利商店吧！

我當時覺得這樣太辛苦了，連放假也沒得休息，以後一定不要做這行，而且我記得大學聯考前一晚都還在幫忙顧店。父親覺得讀書沒什麼用，從「社會大學」學到經驗能賺錢才重要，但是母親覺得教育很重要，從小送我們到私立學校勤管嚴教。

於是我們家三個小孩一直擺盪在兩種極端思維中，常常要幫忙顧店，也要念課業壓力大的私立學校。小時候最討厭放長假和過年，別人放假就放假，我們放假卻要顧店。

藉由成長經驗，我從父親身上學到靠資本周轉才是快速累積財富的方式，勞力的回報有限；我從母親身上理解到知識的力量，單靠勞力無法擺脫勞碌宿命。

雖然因為個人興趣最終沒有承接家業，但我知道資本和知識的力量，獲得公共行政學士、企管碩士（主修會計）與財務金融博士等學位都和管理及商學相關。

既然沒有從商，那麼金融市場便是讓我長期累積資本，成為資本家的最佳路徑。知識讓我知道市場上誰在胡扯，以及如何控制自身的行為偏誤。

主動投資的獲勝者永遠不是散戶

我在博士班受到的訓練是理性經濟學及財務學，理性學派得出的最佳投資決策是分散投資、長期持有，沒有人可以藉由分析現有訊息獲得超額報酬。

　　一開始我並不相信這種說法，市場上明明就有「好多人」因為短線投資賺到錢，而且投資不是和工作一樣，要認真、要努力分析訊息、要觀察總體指標，然後低買高賣嗎？

　　我在剛念博士班時開始投資，熱中分析個股價值及股價趨勢，投資個股的經驗有賺有賠，市場中地雷股非常多，我曾經買過幾檔最終破產下市的股票，但絕對不會告訴你是哪幾檔，而投資迄今最成功的股票持有超過二十五年，報酬率超過30倍。

　　經過幾年股海浮沉，2000年我開始接觸行為財務學的理論與實證研究，該研究發現確實有些短線交易者會一直賺錢，但這也代表有另一群短期交易者賠錢。大家短線都賺錢的話，錢從哪裡來？

　　這群賠錢者就是沒分析能力、沒即時訊息，也沒有專業交易工具的人，就是一般散戶，俗稱菜籃族。賺錢者恰好是散戶的交易對手，也就是專業投資人。

　　這時候我領悟到雖然自己有分析能力，但沒時間、沒即時資訊系統和交易工具，因此無法贏過交易對手。那何不回歸到讀博士班時就知道的理論：最好的策略就是分散投資和長期持有呢？

短線投資賺不了錢

　　從此以後我轉向長期分散投資。2000年台灣市場還沒有

ETF，我除了買進標準普爾 500 指數的 ETF（SPY），在台灣市場就是買進各種類型的股票，把投資標的盡量分散在不同產業與市值大小不同的股票。

隨著台灣第一檔追蹤市場指數的 ETF「0050」在 2003 年掛牌，我終於可以不用買進太多股票，只靠一檔 ETF 就得到市場的平均報酬，從我 2003 年開始買進到 2023 年，二十年來的總報酬率 550%，年平均報酬率 9.8%。

有的人會說這樣的報酬率還好吧？買到飆股的話一天漲停板就賺 10% 了。真的是這樣嗎？可能天天過年嗎？而且每天開盤後搶短線進出的時刻都是上班時間，你有專心工作嗎？你短線抱股晚上睡得著嗎？

鎖定市場報酬率是你什麼事都不用做，只要一直買不要賣就可以獲得相當好的收益，唯一要承擔的是長期投資期間，股市起伏造成的心理壓力。

所以如果你有卓越的分析能力和先進的交易工具，那麼大可以不用讀這本書，但要是你曾在股市短線投資中受過傷，只是個散戶，沒有太多心力分析股市，而且希望投資不會讓你晚上無法入睡，那麼長期投資市場大盤指數型 ETF 就是你應該採取的策略，這本書很適合你。

物質不滅，金錢也不滅，短期交易是一個零和賽局，有人短線賺錢，就一定有人短線賠錢。請問你憑什麼從專業投資人

身上賺錢？請問你的本業是投資嗎？

　　一般投資人總以為看了幾本投資分析或策略的書，學會技術線圖，了解基本面和籌碼面，就能夠靠短期交易賺大錢，這是非常不切實際的想法。

　　我的本業是教書和研究，雖然具有專業分析能力，但是在本業占用大部分時間的狀況下，根本不敢貿然進入短線交易市場。因為我知道空有一身工夫，但在時間和資訊沒有優勢的狀況下，也無用武之地。

　　然而台灣散戶在專業分析能力、時間及資訊面都不如專業交易者的狀況下，仍勇往直前，然後被專業法人像拿著大砲打小鳥一樣打擊，卻仍然抵死不退。

投資的最大風險是對自己一無所知

　　台灣投資人承擔的最大風險，便是不了解自己的實際財務操作能力、財務狀況、財務目標及需求，然後為了短期從金融市場中賺大錢，除了習慣在股市短線進出，通常也買了一堆不完全了解的金融商品。

　　投資理財常常是困擾許多人卻又難以迴避的重要問題，要想解決，必須先清楚回答以下問題：

　　1 你的收入有多少？

2 你的支出有多少？

3 你的資產和負債狀況如何？

4 你的短期、中期和長期財務目標有哪些？

5 你預計幾歲退休？

6 你希望退休後每個月有多少錢可以使用？

7 你短線操作績效真的比其他人好嗎？

8 你的主觀與客觀（亦即根據上述問題所決定的財務狀況下）風險承擔能力有多高？

9 你完全了解買進的金融商品有哪些潛在風險及報酬嗎？

10 你買進的金融商品符合自身財務狀況並能讓你達成財務目標嗎？

相信多數人都無法明確回答前述問題，加上各種行為偏誤的影響，常常在理財行為上毫無章法，或做出前後矛盾的決策。

要做出較好的投資理財規劃，得全盤了解自身財務狀況、收入與目標，這樣才能做出合適的資產配置，進而選取適合的金融商品。再者要充分了解一般人面對投資商品時常常陷入的錯誤及迷思，這樣才能避免投資不適合的金融商品。

投資應基於事實

本書將先說明傳統的理性經濟學理論，探討每個人都需要

投資的原因，並說明為何想獲得高報酬就一定要願意承擔短期的價格波動風險，即「天下沒有白吃的午餐」。

接下來會指出傳統理性經濟理論的限制，進一步解釋投資心理學指出的各種行為偏誤與非理性的投資決策樣態。

本書說明在行為觀點下的個人投資建議，分析市面上常見的各種金融投資商品，最後提出「長期幾乎不敗」的投資策略。

如果你想從金融市場短期快速致富，那麼本書不適合你。要是大家都炒短線賺錢，是否都不要工作從股市賺錢就好？這樣工作誰來做？公司誰來經營？

市場上很多人天天分析未來走勢，並給出斬釘截鐵的短期投資建議，但如果這些人的分析這麼準確，自己操作就發大財了，為什麼還要跟你說？

這些矛盾都是顯而易見的，但很多人卻一直都搞不懂，或根本不願意相信，許多文獻研究都證實難以預測市場短期波動。

金融市場應該是讓你成為資本家，獲取長期穩定被動式收入的便捷場域。短線靠運氣、長線靠讀書，專注本業，提高本業職能與收入，行有餘力將多餘資金長期投資於金融市場獲取被動式收入，讓自己退休生活甚至後代生活無虞，這才是面對金融市場應該有的正確態度。

美國詩人穆瑞爾‧洛基瑟（Muriel Rukeyser）說：「組成世界的並非原子，而是故事。」從理性面來說，這顯然是錯誤說

法。然而詩人總是浪漫的，她想表達的是從情感面而言，一般人比較願意相信故事，而非事實。

　　我把這句話改一下，就能接近台灣投資市場的實際狀況：「驅動投資的並非事實，而是故事。」的確很無奈，所以我在這本書想要達成的目標，是明確指出投資應該基於事實，而非故事。

重新認識經濟學裡的
有限理性

在本書的開頭，我先探討傳統經濟學中理性假設的意涵，說明它確實有一定程度的合理性，所以效用理論才可以主宰經濟學界超過一百年，同時解釋為何想要獲得高報酬，必然要承擔高風險。

　　接著，我會繼續提出一些違反理性經濟學假設的例子，說明投資人並不如傳統經濟學描述的理性，從而推論出行為經濟學裡最重要的展望理論，明確指出投資人比想像中的更願意冒險，尤其是面對損失時。

　　以上是了解後文行為偏誤的重要基礎概論，而行為偏誤是影響投資策略和投資績效的關鍵。

第1堂 高報酬 必然伴隨高風險

　　經濟及財務學的基本理論之一是，如果想獲得高報酬，就必然要承擔高風險，也就是天下沒有白吃的午餐，因此想在金融市場快速致富非常困難。

　　從傳統經濟學角度而言，理性是指人類在審慎評估所有客觀證據後，以推理方式做出自我利益極大化的決策，亦即每個人的決策都是為了滿足自己的效用最大化，也就是讓自己的「快樂程度」最大化。

　　這樣的簡單想法，推導出經濟學最重要的理論之一：效用理論。經濟學家伊萬・莫斯卡蒂（Ivan Moscati）2020 年指出，效用理論早在 1870 年代便已經出現，並主宰整個理性經濟及財務決策的思維超過一百五十年。

滿足感隨財富增加而遞減

　　效用理論的假設以及推論細節很多，在此簡要說明兩個重要假設。

　　第一，人都是不滿足的，也就是每個人都喜歡多勝於少，無論是財富或消費都是。這個假設很好理解，也很合理，因為從理性的觀點出發，應該不會有人覺得較少的財富或消費會帶來較高的效用。

　　第二，當財富或消費水準已經很高時，每多出 1 塊錢的財富或消費時，人們感受到的效用增加幅度會減少。

　　例如，你從一無所有到賺得人生第一桶金（100 萬元）時，一定會非常開心。但當你已經有 1,000 萬元甚至 1 億元的財富，又賺到另一個 100 萬元時，高興的程度應該會比賺到第一個 100 萬元時低很多。

　　如下頁圖表 1 曲線所示，同樣 1 塊錢的財富或消費帶來的滿足感，會隨個人財富增加而下降，稱為「邊際效用遞減」。

　　邊際效用遞減與財務學重要觀念「風險趨避」相通。風險趨避指理性決策者在期望報酬一樣時，會選擇風險低的選項。

　　舉例來說，如果每天有兩個選項，第一個是直接拿走 1,000 元。第二個選項是丟銅板決定，出現正面與反面的機率各一半，正面可以拿 2,000 元、反面沒錢拿。你會選哪一個？理性的人應該會選擇直接拿 1,000 元。

　　因為選擇丟銅板期望報酬仍是 1,000 元（1/2×2,000 ＋ 1/2×0 ＝ 1,000），沒有比直接拿 1,000 元的報酬多。既然如此，為何要承擔丟銅板時可能拿 2,000 元或 0 元的風險？

圖表 1 財富水準與效用

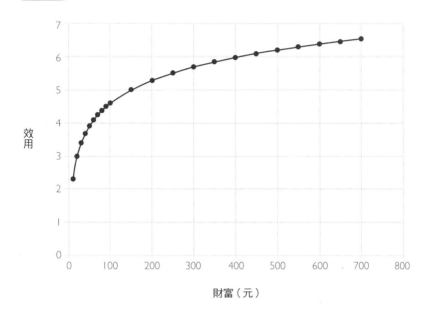

進一步說，當你銅板丟到正面拿 2,000 元時，把拿到的第一個 1,000 元的效用，跟第二個 1,000 元的效用拿來比較的話，根據邊際效用遞減原則，第二個 1,000 元的效用會比第一個低。既然兩個選項的期望值一樣，你寧願拿固定且無風險的 1,000 元，而不是一下拿 0 元、一下拿 2,000 元，也就是你不喜歡有一餐沒一餐的感覺。

重賞之下必有勇夫

　　這可以解釋為何多數人都傾向追求穩定的工作和收入、為何公職及教職一直是很多人的理想職業，即使收入並不是特別高。然而，風險趨避並非意味著大家都不願意承擔風險，而是當風險提高時，如果報酬也適當提高，就會有人願意放棄無風險的選擇，轉為承擔適當的風險。

　　至於為何應該承擔較高風險才會有較高報酬，再次以前文丟銅板選項說明。如果改成丟到正面可以拿 2,200 元，丟到反面仍然是 0 元、丟銅板這個選項的期望報酬就成為 1,100 元。這時就會有人放棄每天固定拿 1,000 元這種沒有風險的選項，願意承擔風險，一下拿 0 元、一下拿 2,200 元，因為現在承擔風險有額外報酬。

　　高風險伴隨高報酬，也就是重賞之下必有勇夫。當然，即使丟到正面的金額增加到 2,200 元，也不可能所有人都馬上轉而願意承擔風險，因為每個人對風險的態度不一樣。但可以預期的是，當有風險選項的期望值愈來愈高時，例如進一步把丟到正面的金額增加到 2,400 元甚至 2,600 元，願意承擔風險的人必定會逐漸增加。

　　這也就是為何創業風險較高，但平均報酬夠高的話，就會吸引較願意承擔風險的人投入創業行列。如前所述，高風險、高報酬的觀念從效用理論的兩個基本假設不滿足與邊際效用遞減，就可以推論出來。將這個推論應用到金融市場的投資上，

一樣可以得到投資要獲得高報酬就必須承擔高風險的結論。

　　風險趨避的原則背後隱含著人生收入能夠愈穩定愈好的期望，這也是所有人都需要投資理財的原因。一般人薪資所得分布通常隨年紀增長呈倒 U 形，也就是年輕時收入較低，等到資歷累積一段時間後便漸漸提高，通常大約在中年末期達到最高峰，最終老年退休時沒有固定收入，就必須從以前投資理財累積的資本報酬穩定獲取生活所需的收入。

　　因此投資的目的是將年輕時多餘的收入投入金融市場，承擔適當風險以獲取較高報酬，最後在老年收入降低時，從累積的財富中獲取保障退休生活的穩定收入。投資的目的不該是在市場中短期進出、奢望一夜致富。

違反理性的買彩券行為

　　然而，很多人的財務決策實際上與風險趨避理論相衝突。根據台灣公益彩券發行條例規定，公益彩券獎金支出不得超過發行彩券券面總金額之 75%，也就是買彩券者用確定的 1,000 元，換回不確定的期望報酬 750 元。[1]

　　這不是完全違反先前提到的，拿確定的 1,000 元比拿不確定的 1,000 元要好嗎？更何況是花了 1,000 元，卻預期只能拿回不確定的 750 元呢？但這個違反理性假設及風險趨避原則的現象，卻出現在每期公益彩券，因為每期都有人買。

　　這要如何解釋？可能的原因之一，是購買彩券本來就不是完全理性的決策。學術研究發現，人在心情好的時候比較願意承擔風險，例如過年過節時，彩券銷售量特別高。

　　此外，當頭獎獎金很高時，買了彩券便覺得「一券在手，希望無窮」。高曉蕙、林則君 2015 年發表的研究發現，台灣股市裡以散戶為主要交易者的股票，在彩券頭獎獎金超過 5 億元時，這些股票的交易量會下降 5 ～ 9%，因為很多人把買彩券當做股市炒短線的替代品。[2] 這個發現也證明很多人在頭獎獎金夠高時，就會放棄炒股轉而買彩券。

　　但是根據台灣彩券公司的公告，威力彩頭獎中獎機率只有 2,209 萬分之一，[3] 而美國國家氣象局的資料表示，每年每個人被雷打中的機率是 122.2 萬分之一，[4] 所以一年買一次彩券中頭獎的機率比被雷打到的機率還低。

　　此外，即使全台灣 2,300 萬人每人都買一張彩券，也只有一個人會中頭獎。但是因為人類有往往會高估好事出現的機率，所以買了彩券後，認為自己的中獎機率很高，一定高過被雷打到的機率，而且滿腦子在規劃中頭獎之後的美好退休生活。

　　根據上述說明，理性經濟學雖然在推論上很有道理，往往也可以得出合理結論，例如邊際效用遞減、風險趨避，以及高風險、高報酬，但是觀察一般人的財務決策，卻很容易發現人類不完全理性的行為。

第2堂 人不如
自己想像中的理性

　　關於一般人不理性的財務決策行為，從「機會成本」與「沉沒成本」的概念來說明最為清楚。機會成本是指一般人做決策，選擇某個選項時，放棄的選項中最高價值選項的成本有多少，因此又稱為替代性成本。

　　舉例來說，假設酒櫃中有幾瓶很久以前購買的紅酒，每瓶成本是 2,000 元，現在增值到每瓶 5,000 元。此時你想喝一瓶，請問你會怎麼選擇？

　　（1）付 5,000 元向酒商購買一瓶同款紅酒喝掉。
　　（2）從酒櫃拿出一瓶喝掉。

　　根據我在課堂中的調查，遠超過一半以上的學生都會選（2）。然而，從理性經濟學的角度來看，選（1）的成本是 5,000 元，選（2）的成本也是 5,000 元，因為當你把這瓶酒拿去賣的時候，如果不考慮交易成本，它的價格就是 5,000 元，所以兩個

選項其實機會成本都是 5,000 元。

財務決策中的有限理性

為什麼多數人會選第二個呢？因為對一般人來說，心理上比較容易接受，會想著當初買進成本是 2,000 元，喝酒時說不定還覺得「賺了」3,000 元。但喝酒就是消費，絕對不可能賺錢。這個例子說明一般人做決策時常常被過去的價格影響。

投資股市時，也很容易受到股票買進的價格影響，因此才會有「解套」這種說法。解套就是把過去的買進成本當做參考價格，一般人如果買進股票後股價一直跌，當終於漲回過去買進的價格時，就會比較願意出售。然而投資應該考慮的是公司未來的展望，而非過去的買進價格。

再來談談沉沒成本，請先看這兩段敘述：

（1）小周付了 10,000 元會員費參加網球俱樂部，兩個月後過度訓練得了網球肘，因為不想浪費會員費，即使疼痛不已仍然去打球。

（2）這時小周的朋友邀請他「免費」到另一個網球俱樂部打球，但小周因網球肘帶來的疼痛拒絕了。

一般人該不會覺得這兩個敘述有什麼問題，聽起來都相當

合理，但兩者其實有衝突。請仔細想想，要不要去打球的決定和已經繳交的會員費應該沒有關係，而是要考慮打球帶來的效用（此處是打網球帶來的快樂）和成本（此處是網球肘帶來的痛苦）哪個比較高。就（1）來說，小周如果覺得疼痛超過打網球的快樂就不該去。

　　過去的會員費是沉沒成本，不應該被考慮，過去的成本不該影響未來決策。也就是說，既然在（2）的狀況下他不去打球，就代表網球肘帶來的痛苦超過打球帶來的快樂，因此在（1）的狀況下他也不應該去打球。

日常決策中的有限理性

　　如果你還是不太明白，再舉個例子。現在的叫車 APP 常常會贈送免費折價券或販售折價券，假設你某天搭計程車時，剛好有兩張當天到期的折價券，但是或許只能用掉一張，請問你會優先選哪張？

　　（1）可以折 50 元的免費折價券。
　　（2）以 50 元買進可以折 70 元的折價券。

　　正確答案應該是先用（2）。
　　然而，我課堂上的學生有很高比例會選（1），而且在我指

出正確答案是（2）時，臉上充滿困惑。

　　為什麼答案是（2）？考慮買進成本，這樣不是只「節省」20 元嗎？

　　請再次仔細思考，不確定折價券都能用掉時，先使用（1）只能省 50 元，但選擇（2）卻能夠實實在在省下 70 元。

　　當初買進折價券的價格（50 元）是沉沒成本，做決策時完全不需要考慮。換句話說，不管選擇哪張折價券，原本買折價券的 50 元都已經打水漂（沉沒）了，不需要考慮。

　　但是沉沒成本的影響力很大，確實左右許多人的決策行為。

　　例如，我常問另一個問題：「愛情長跑七年，如果不結婚好可惜，對還是錯？」

　　很多人會說：「對啊，好可惜，都在一起那麼久了，人生有幾個七年。」

　　但是從理性角度分析答案當然是「錯」。要不要結婚應該考慮未來的效用（快樂）和成本（痛苦）哪個比較高。不過從帶有情感的有限理性思維來想，這確實很難評估，而且應該沒有多少人可以很理性的割捨七年感情吧？

　　從前文幾個例子應該可以看出，許多理性經濟學很簡單的假設，在實際決策過程中並非如此，也就是人類的決策行為並不如傳統經濟學說的那樣完全理性。

第3堂 你比自己認為的更愛冒險

前文已經說明過，理性經濟學認為人在任何狀況都應該是風險趨避。還記得直接拿 1,000 元或者丟銅板決定拿 2,000 元或 0 元的例子嗎？理性經濟學家的結論是應該直接拿 1,000 元。

但是在我的課堂中，還是有許多學生選擇丟銅板，說不定運氣好可以賺到 2,000 元。他們不是風險趨避，而是風險愛好。

很多學生說 1,000 元太少，對他們來說「沒什麼感覺」，不如丟銅板賭一下運氣，看能不能拿到 2,000 元。然而這樣的心理狀態已經明顯違反風險趨避原則，連這麼簡單的實驗，基本的理性經濟學原理都可能不成立。

為了進一步探究問題所在，我把選項改成：

（1）直接拿 1,000 萬元。
（2）丟銅板丟到正面拿 2,000 萬元，丟到反面沒有錢。

很有趣的是，這時候幾乎沒有人會選（2），因為 1,000 萬太多，直接先拿不是很好嗎，為什麼要承擔風險？因此風險趨

避的原則又回來了。

很明顯的，金額大小會改變某些人面對風險的態度，然而在理性經濟學的推論中，不應該發生這種事。不管金額大小，只要期望報酬一樣，都應該選擇沒有風險的選項。

我才不要「投降輸一半」

目前舉的例子都是討論一般人面對利得狀況下的風險態度，也就是你的財富都是增加的，不管是直接拿錢或者丟銅板賭一下。我們把上面利得的例子改成損失，看看一般人的風險態度會發生什麼改變。

現在一樣有兩個選項，第一個是先丟銅板，丟到反面必須給我 2,000 元，丟到正面你沒有損失可以離開。第二個選項我稱為「投降輸一半」，也就是不丟銅板直接認輸。這兩個選項和之前的例子基本上一樣，只是把利得全部改成損失。

我在課堂的實驗結果是，大部分學生會選擇丟銅板，說不定運氣好丟到正面就不用給 2,000 元了。但是這兩個選項的期望報酬都是 -1,000 元，根據風險趨避原則，既然報酬都一樣，應該選擇沒風險的，也就是投降輸一半，直接給我 1,000 元才是沒風險的選擇。如果選擇丟銅板，期望報酬也是 -1,000 元，卻承擔不必要的風險，可能變成要給我 2,000 元。

然而，請問你甘願投降輸一半嗎？其實多數人心理上難以

接受確定損失。因此面對損失的選擇時，多數人的風險態度會從風險趨避轉為風險愛好，這樣的決策再次違反理性經濟學的基本原則。

　　人們對於利得及損失風險態度不同的觀察，促成諾貝爾經濟學獎得主丹尼爾・康納曼（Daniel Kahneman）和心理學家阿摩司・特沃斯基（Amos Tversky）在 1979 年提出了行為財務學中最重要的理論：展望理論。[5] Part2 會有詳細討論。

第4堂　理性是有極限的

　　德國哲學家尼采說：「沒有事實，只有詮釋。」這句話的意思是世界上沒有客觀的事實，也沒有真理，所有事物的意義都來自主觀的詮釋。請思考這兩句話：「這世界上沒有理性的存在」，以及「這世界上沒有客觀的事實」。

　　根據尼采的說法，以及我指出的一些人類決策不理性行為，你或許會同意這兩句話。

　　但是如果第一句話「這世界上沒有理性的存在」要成立，就必須有理性思維，才能判斷這句話是否成立。反過來說，如果理性思維不存在，我們根本無法判斷這句話是否成立。同樣的，如果「這世界上沒有客觀的事實」，我們又如何客觀證明這句話是對的呢？換句話說，假使世界上沒有客觀的事實，「這世界上沒有客觀的事實」也不過是主觀的臆測。

決策出錯從捷思而來

　　因此，我相信這個世界上存在理性及客觀事實。為什麼我之前列舉人類很多的決策行為並不完全理性的例子，現在又說

理性是存在的？

理性是存在的，但在很多場合裡，人們為了快速做出決策，或受限於情感及情緒，又或受到社會力量影響，便會做出不理性的行為。

正因為理性是存在的，所以本書的主要目的是要讓你「理性的認識到」自己可能會做出不完全理性行為，從客觀角度判斷自己的決策到底哪裡出問題。當你知道自己的決策偏誤之後，才有可能改正。

由於演化過程，社會化的力量與自制力不足等因素，造成人們做決策時常常被一些捷思影響，造成決策的行為偏誤。

捷思就是「敏捷性的思考」，亦即做決策時為了節省時間使用的快速決策原則，或稱為「經驗法則」。這些捷思的產生和人類演化過程息息相關。

人類祖先在野外求生時處處充滿危險，通常沒有多餘時間可以思考，為了迅速避開危險，便應用許多決策的捷思，這些捷思通常伴隨恐懼而來。

另外，在野外食物來源不穩定，人類只要有機會就盡量餵飽自己，因此貪婪也是另一個極為明顯的人類行為特質。貪婪與恐懼是人類行為的重要特徵，驅動許多非完全理性的決策，後文會詳細說明。

了解理性的限制，才能解決

　　基於前述原因，人類的完全理性決策行為通常會受到限制，也就是理性的極限。關於理性極限的例子，我認為最有趣的是生日悖論。

　　假設教室裡有五十個人，請問至少有兩個人生日相同的機率有多高？因為一年有 365 天，多數人思考這個問題時都會直覺認為機率應該不是很高，但正確答案是 97%，很驚訝嗎？

　　要解答這個問題，先想想教室所有人生日都不同的機率，再用 100% 減掉所有人生日都不同的機率，就可以得出至少有兩個人生日相同的機率了。

　　至少有兩個人生日相同的機率，用數學式表達如下：

$$1 - \left[\frac{365}{365} \times \frac{364}{365} \times \frac{363}{365} \times \cdots \times \frac{(365 - n + 1)}{365} \right]$$

　　其中 n 是教室人數，中括號裡的算式是所有人生日都不同的機率。可以這樣想，讓第一個人先進來教室，任選 365 天其中一天當做他的生日，可能性是 $\frac{365}{365}$。

　　第二個人進來時，要和第一個人的生日不同，只能在剩下的 364 天選一天當生日，可能性變成 $\frac{364}{365}$。以此類推，直到教室裡全部 n 個人生日都選好，那麼中括號裡的算式就是所有人生日都不同的機率。

　　最後用 1 減掉中括號裡所有人生日都不同的機率，可以得到至少有兩個人生日相同的機率。從下頁圖表 2 可以看到，事實上教室人數超過二十三個人時，至少有兩個人生日相同的機率就會超過 50%。真實的機率是相當違反直覺的，這也顯示理性雖然重要，但並不一定可以很容易的應用。

　　另一個例子是假設有 10% 人罹患某種癌症，利用某項檢驗進行篩檢時，如果受測者罹癌，實際檢出有癌症的機率是 90%，沒有檢出的機率是 10%（偽陰性）。

　　如果受測者沒有罹癌，檢出沒有癌症的機率是 90%，檢出有癌症的機率是 10%（偽陽性）。

　　這個檢測的正確率乍看之下頗高，那麼有人被檢出癌症時，他真的罹患癌症的機率是多少？

　　這個問題可以應用貝式定理解答，只有 50%。很意外嗎？這機率是不是比你想像的低很多？計算過程我不在此詳細說明，有興趣的讀者可以自行上網搜尋貝式定理來求解。

　　這兩個例子告訴我們，直覺式的捷思在野外求生需要快速做出決策時，或許非常有用，但如果錯用在需要理性思考的決策，例如財務決策，則常造成錯誤的判斷，導致決策沒效率，甚至造成損害財富的後果。

　　像是在投資上，常出現可得性偏誤，投資人傾向追逐容易取得資訊的股票，例如大型股或具有潮流性話題的股票，誤認

圖表 2　生日悖論

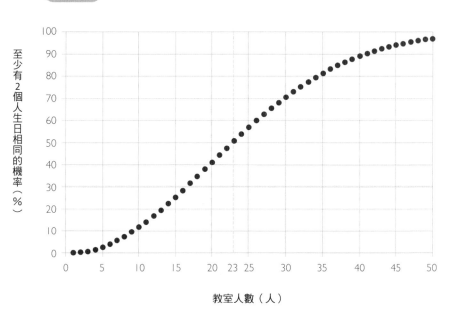

為這些就是好的投資標的，某些被忽略的小型股票或不具話題性的股票投資價值說不定更高。

　　要避免這樣的錯誤，我認為最重要的是每個人必須先了解自己的理性限制，也就是自己的財務決策常常落入的捷思與偏誤有哪些。只有當充分了解自己常犯的錯誤，才可能找出有效解決的方案。

進場前一定要知道的
投資觀念

這部分我會解釋為何傳統理性財務理論無法完全解釋股價變化，也就是市場常有異常的價格型態。再者，傳統財務理論忽略投資人情緒對投資決策以及市場價格的影響，然而行為財務學的研究已經發現，投資人情緒會顯著影響其投資行為，進而影響市場的價格。

　　由於散戶喜歡短線交易，短期投資績效不彰，造成整體投資績效不佳，比起面對獲利，面對損失時更容易產生情緒化決策，進一步造成投資績效長期不振的現象。

第1堂　效率市場假說
　　　不足以解釋股價變化

　　理性財務學最重要的理論之一是「效率市場假說」。這個理論由諾貝爾經濟學獎得主尤金・法馬（Eugene Fama）於 1970 年代基於理性假設所提出。其主要概念是資產的市場價格，會充分反映所有與其相關的資訊。

　　當一個市場有效率時，利用「既有」的公開資訊，並無法預測資產的價格。也就是沒有人可以藉由分析過去市場價格及公開訊息，預測未來股價，獲得更高的報酬。這樣的說法直接否定現在很多人還在使用的股價基本分析與技術分析。

　　然而，愈來愈多學術研究和實務觀察發現，股票價格常有明顯的定價錯誤現象，例如一些常見的固定價格型態，而且這些價格型態往往會重複發生。這些發現意味著未來的股價並非完全無法用過去的市場資訊或公開資訊來預測，當未來股票的價格可以用過去的公開資訊來預測時，就違反了效率市場假說，學者稱之為「市場異常現象」。

　　在繼續說明前，先簡單解釋各種報酬率的概念，包含資本

利得率、殖利率及總報酬率。

　　資本利得率是資本利得除以買進成本，也就是衡量資產價格漲跌帶來的報酬率，當資產價格上漲（下跌），資本利得率就是正（負）的。

　　殖利率是股息、利息或租金除以資產價格，也就是資產配發現金，所帶來的報酬率。

　　總報酬率即是資本利得率加殖利率，代表某一資產帶來的總收益。

　　顯然評估投資績效時，應該關注的是總報酬率，而非僅關注資本利得率或殖利率。因此後文除非特別說明，否則提及報酬率時，都是指總報酬率。

季節對股價有影響？

　　回來談市場異常現象，第一個著名市場異常現象是 1 月效應。麥可・羅澤夫（Michael S. Rozeff）等人 1976 年發表的研究指出，股票在 1 月的時候報酬比較高。[1] 意味著投資人如果在 12 月買進股票、在 1 月賣出，便可以獲得正報酬。

　　這種情況之所以被稱為異常現象，是因為如果賺錢這麼簡單，大家都可以在 12 月買進股票、在 1 月賣出，如果有夠多的人這樣做，12 月的股價就會被提高，1 月的股價就會被壓抑，1 月效應自然消失。然而許多研究顯示，1 月效應依然存在。

　　這種因為日期不同產生的季節性效應，除了 1 月效應，還有星期效應與假日效應。法蘭克‧克羅斯（Frank Cross）1973 年發表的研究指出，股票報酬在星期一往往會下跌，在星期五往往會上漲。[2] 約瑟夫‧拉科尼紹克（Josef Lakonishok）和西摩‧斯密特（Seymour Smidt）1988 年發表的研究不僅證實星期效應存在，更發現放假前的股市報酬率也比其他時間來得高。[3]

　　同樣的，這些情況之所以被稱為異常現象，是因為如果這些規律的價格型態不斷出現，投資人就可以在預期上漲前買進股票，賺錢之後再賣出。大家都這樣做的話，異常現象應該會消失，市場將回歸到有效率的狀態，但是許多異常現象持續存在，因此形成對效率市場的挑戰。

天氣與運動賽事對股價有影響？

　　另外一種市場異常現象則和投資者情緒有關，小愛德華‧桑德斯（Edward M. Saunders, Jr.）1993 年發表的研究指出，紐約市的天氣會影響華爾街的股票價格。[4] 他發現紐約市萬里無雲、天氣晴朗時，股市往往會上漲，而紐約市烏雲密布、陰天時，股市則往往會下跌。

　　心理學家已經發現，在陰晴、雨量、溼度、氣溫、風向、風速和氣壓等各種天氣因素中，陰晴對心情的影響最顯著。因此小愛德華‧桑德斯的結論是，因為天氣陰晴影響心情，而心

情影響投資人的交易行為，進而造成股價和天氣有關。

　　2008 年我於國際期刊上發表的研究也指出，開盤前的天氣會影響股價，這時因為在開盤前交易者通常正在通勤，能觀察到戶外的天氣；開始交易後的天氣則對股價沒有影響，這期間交易者大多在室內，無法觀察到戶外的天氣。[5] 這項研究結果進一步加強天氣所引起的情緒會影響股價的結論。

　　運動賽事的勝負也會影響股本。亞歷斯・艾德曼（Alex Edmans）等人 2007 年發表的研究指出，在世界盃足球賽期間，某個國家的足球隊勝負和當地的股市漲跌有關。[6]

　　從理性角度來看，足球賽勝負對經濟的影響應該非常輕微且短暫，卻對整個國家的股市漲跌有明顯影響，這樣的結果也可歸諸於投資人情緒受球賽勝負影響，進而影響股市漲跌。

　　2008 年我於國際期刊發表的研究也發現，美式職業足球隊的勝負會對總部位於球隊主場附近的公司股價及交易有顯著影響，進一步驗證運動賽事的影響力。

公司基本面和價格動能可預測股價？

　　還有一些學術界早已發現能夠預測股價漲跌的型態，例如價值溢價與價格動能。

　　價值溢價是指價值股的長期平均報酬高於成長股的現象。我們把公司股票總市值除以其會計帳面淨值，定義這個比例為

股價淨值比。這個比例大於 1 的話，代表市場對這家公司的評價大於其會計帳面價值。

因此，成長股是指公司市值對會計帳面淨值比例較高的股票，代表投資人認為其具有較高的成長性，願意付出比帳面淨值還高的價格買進公司股票。

而價值股是指股價淨值比較低的股票，也就是市場認為不具有高成長性，而給予較低評價的公司。

舉例來說，傳統產業股因為未來相對比較不具有成長性，所以股價一般較低，偏向為價值股。而高科技股預期未來的成長性比較高，所以通常股價較高，偏向成長股。然而有趣的是，根據實證研究，價值股的長期平均報酬比成長股高。

價格動能則是股票價格在大約一個月到一年之間的報酬率相關性顯著為正。也就是如果一個月到一年之間某檔股票上漲了，那麼這檔股票往往會在未來一個月到一年之間繼續上漲，反之亦然。因此，如果在一個月或一年之內股票漲了，就可以趕快買進，繼續持有一個月到一年，它會繼續上漲，你就可以獲得正報酬。

以上這些結果之所以對效率市場形成挑戰，是傳統理性財務理論認為市場價格應該只會反映公司未來的預期價值，但是星期、節假日與投資者情緒竟然對未來股票價格有影響力，還有現在股價的高低及漲跌竟然可以預測未來報酬走勢，這些發

現都直接牴觸效率市場假說。

違反效率市場的異常現象存在？

　　除了前面提到的例子，還有一些非常明顯違反效率市場的價格泡沫事件。最有名的是 17 世紀荷蘭鬱金香泡沫，這是已知最早的金融泡沫之一，約發生在 1634 ～ 1637 年。

　　鬱金香價格在這段時期達到前所未有的高點，最高點時，一些稀有品種的價格達到普通工人幾年甚至一輩子的收入，相當於一艘遠洋商船上所有工作人員一年薪資的總和。[7] 這樣的價格泡沫顯而易見，但要到四年後的 1637 年才突然破滅，經濟學家至今仍未找到確切原因。

　　另一個例子是 1990 年代日本房地產泡沫。1990 年時，位於東京車站附近的日本皇居（約 2.3 平方公里）以正對面精華商業土地的價值換算，價值比整個加州土地總值還高。[8]

　　1989 年日本富士電視台主持人在節目中，指著東京地圖自豪的說：「如今的東京總地價已經超過美國全國土地的價格，很快將是美國的 2 倍。」[9] 房地產泡沫破滅後，東京房地產價格平均下跌 80% 以上，是日本經濟失落二十年的重要因素之一。

　　近期的價格泡沫則有 2000 年網路泡沫、2008 年美國房地產泡沫引發的次貸危機，以及 2020 ～ 2022 年 COVID-19 疫情期間各種產業類股價格飆漲事件，例如科技股、航運股、鋼鐵股和

AI 概念股等。

　　這些歷史上資產價格的非理性飆升，事後看來都沒有合理的經濟基本面支撐，所以資產價格泡沫現象自然對效率市場假說帶來非常大的挑戰。

第 2 堂 投資人的集體情緒 會影響市場價格

　　我常常邀請學生玩 1 個遊戲，每人從 0 到 100 選一個數字，然後將所有人選擇的數字平均後乘以 2/3，誰選擇的數字最靠近這個數字就是贏家。

　　你會選哪個數字？課堂上常常出現 66、50、33 等數字，當然也有一些學生選了 90 甚至 100 之類很大的數字。

　　從完全理性的計算來看這個問題，假設大家都隨便亂選，那麼平均值會在 50 左右，但遊戲規則是選擇平均值的 2/3 才是贏家，所以必須選 33。然而，當大家都選 33 時，你選擇 33 也不會贏，這時必須將 33 乘以 2/3，所以要選 22。如此一路推演下去，正確答案很明顯就是 0。

　　現在你已經知道正確答案，會選擇 0 當你的答案嗎？我想多數人還是會非常猶豫，因為當你選擇 0 的時候，無法確定別人是不是完全理性。也就是即使自己完全理性，還必須猜測別人不理性的程度有多高。連在這麼簡單的遊戲中，理性也不一定存在，更何況是在有那麼多不完全理性的人參與的金融市場

裡，你為什麼會覺得未來市場的價格很好預測呢？

股票時常出現定價錯誤

以下列舉關於市場有限理性的例子。Palm 是 2000 年非常火紅、第一家將個人數位助理（PDA）商業化銷售成功的公司，它的產品是現代智慧型手機的前驅，比蘋果公司還早十幾年。2000 年 3 月 2 日，其母公司美國網路電子設備公司網康（3Com）宣布要將個人數位助理 Palm 分割出來獨立上市，並出售 Palm 5% 股份給一般投資人，進行首次公開發行（IPO）。

網康同時宣布，不久後會將 Palm 95% 未公開發行的股份發給現有的股東。根據股權比例計算，每持有 1 股網康的股票大約可以拿到 1.5 股 Palm 股票。

2000 年剛好是網路泡沫非常大的時候，投資人對各種網路相關的公司股票都充滿興趣。如果對 Palm 非常有興趣，有兩種方法可以買進股票。你可以在 Palm 上市第一天到股票市場上買進；或買 1 股網康股票，等一陣子以後獲得 1.5 股 Palm 的股票，並取得網康的其他資產。

如果投資者是理性的，網康股價應該遵循以下定價公式：

網康股價＝1.5×Palm 的股價＋網康其他資產價值

　　這個公式的意義是網康的股票價值應該包含 1.5 股 Palm 股票價值，再加上其他網康持有、與 Palm 無關的資產價值。

　　Palm 公開上市第一個交易日股價是 95.06 美元，網康的股價為 81.81 美元。套入前文公式，81.81＝1.5×95.06＋網康其他資產價值，得到網康其他資產價值是 -60.78 的。把這個數字乘上發行股數隱含網康的其他資產總價值為 -220 億美元。這完全沒道理，網康其他資產不可能沒價值，更不可能是負的，況且負數值還這麼大。

　　其實這背後代表的意義是投資人過於熱中競標 Palm 股票，導致第一天的股價被大幅高估至完全不合理的價位。

　　做為聰明的套利者，你可以借券放空 1.5 股 Palm 股票，拿到 142.59 美元（＝1.5×95.06），然後花 81.81 美元買 1 股網康，這樣就可以馬上獲利 60.78（＝142.59－81.81）美元。等之後網康發給你 1.5 股 Palm 股票時，就可以拿去結清借券部位。

定價錯誤源於「有限理性」

　　這種套利方式太棒，根本就像抽地下水，可以源源不絕把錢抽出來。這麼簡單的套利方式應該大家都可以想到，所以你覺得這個錯誤定價多久後會消失呢？一般學生都認為頂多幾分鐘，最多一天之內吧？然而這個奇怪現象卻持續了好幾個月。

　　歐文‧雷蒙特（Owen A. Lamont）2003 年發表的研究指出，

這個套利機會非常難以執行，因為市場上 Palm 的股票太少，流動性不夠，而且就算能借到 Palm 的股票來放空，借券成本也會非常高，所以聰明的套利者沒辦法套利，造成這樣的錯誤定價得以持續一陣子。[10]

然而這樣的解釋無法說明對 Palm 的股票有興趣的投資人會買進價格明顯高估的 Palm 股票，而不是改買網康股票。買網康股票不僅比較便宜，還可取得網康其他的資產。

要解釋這個價格不合理的現象，需要假設投資人是不完全理性的，也就是理性是有極限的。

一樣的公司，股票價格竟然不同

另一個有限理性價格的例子是荷蘭皇家石油與殼牌石油這兩家連體嬰公司的故事。早在 1907 年它們便決定合併，但各自保持為獨立法人，並分別在美國及英國股票市場掛牌交易。

合併後的契約規定這兩家公司未來所有營運產生的現金流入，都以荷蘭皇家石油 60%、殼牌石油 40% 的比例分配。根據資產定價理論，任何資產的價值都是未來現金流量的折現。既然這兩家公司營運上已經實質合併，所以風險相同，折現率要一樣，因此它們的股票價格應該要根據現金流量的分配比例，也應該是 6：4 才對。

下頁圖表 3 顯示荷蘭皇家石油和殼牌石油從 1990 年 1 月到

圖表 3　荷蘭皇家石油與殼牌石油的價格差異

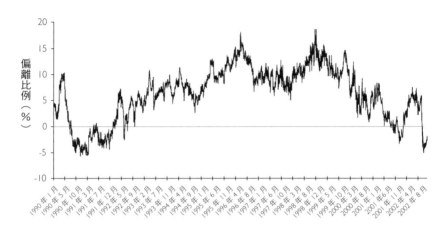

資料來源：*Journal of Economic Perspectives,* Vol. 17, No. 4, (Fall 2003), p. 191–202.

2002 年 8 月的相對股票價格，縱軸的 0% 代表它們的價格沒有偏離 6：4 的時間點。

從上面圖表 3 可以很明確看到這兩家公司的相對股價處在 0% 的時間，也就是相對價格沒有偏離理論價格的時間，是非常短的。大約從 1992 年年初到 2002 年 4 月，荷蘭皇家石油的相對股價有超過十年比殼牌石油的股價還高。

因為這兩家公司的股票分別在美國及英國上市，而且無法直接互相轉換，所以投資人無法透過這個相對價格偏離的現象進行套利，但是很難從理性理論來解釋它們的相對股價為何偏

差這麼大且持續這麼久。

　　麥爾坎·貝克（Malcolm Baker）等人 2012 年發表的研究指出，這種連體嬰公司的股價受到各自掛牌市場當地情緒的顯著影響，也就是當其中一檔股票的掛牌市場交易者情緒比較高，那麼這檔股票的價格就會相對比另一檔高。[11] 這個例子再次證明，投資人的不理性情緒確實會影響市場價格。

第3堂　短期的誘惑
　　是長期投資失敗的主因

　　在經濟學上，如果要考量不只一個時間距的決策時，一般會假設多數人都沒耐心，因此在消費量一樣的狀況下，會比較喜歡現在消費，而非未來才消費，這樣的理論可以用預期效用折現的模型來說明。

　　我們可以假設一個折現率（白話來說，就是沒有耐心的程度），那麼未來的消費所產生的效用，都必須乘上這個折現率來打個折扣，例如明天吃一塊餅乾的效用是今天吃的 90%。這個假設乍看之下非常合理，畢竟如果現在和未來消費的數量一樣，今天先吃或先用的效用當然會比較高。

就想馬上吃蛋糕！難以抵抗的短期誘惑

　　請思考下面這兩個問題。第一個是你可以今天就吃一塊香噴噴剛烤出來的蛋糕，或今天不吃蛋糕，等到明天可以吃兩塊蛋糕，請問你選擇哪個？

　　這個問題的答案取決於每個人的耐心程度，有些人會選擇

今天吃一塊蛋糕，也會有人選擇多等一天，到明天吃兩塊蛋糕。

從理智上來說，其實多等一天就可以多吃一塊蛋糕，應該是非常划算的決定。然而對許多人來說，香噴噴的蛋糕唾手可得，等待會犧牲立即可得的滿足感，非常痛苦，因此連多等一天都不願意。便選擇現在及時滿足自己，先吃了蛋糕再說。

第二個問題把題目改成可以在一年後（也就是第 365 天）吃一塊蛋糕，或選擇多等一天在第 366 天吃兩塊，你會怎麼選擇？

這時候多數人往往會選擇在第 366 天吃兩塊蛋糕，畢竟這個選擇是在遙遠的未來，反正選擇第 365 天吃蛋糕，現在也無法立刻得到，所以多等一天就變得沒有那麼痛苦。而且多等一天的話，蛋糕數量會變成兩倍，聽起來非常划算，因此你會變得比較理智一點。

在實驗中，確實有許多人在第一個問題上選擇今天吃一塊蛋糕，而且在第二個問題上改成願意等到第 366 天時吃兩塊蛋糕。這樣一來，兩個問題的選擇互相衝突，違反預期效用折現理論。

因為當你選擇今天吃一塊蛋糕的效用大於明天吃兩塊蛋糕時，意味著明天的蛋糕效用被大打折扣，也代表第 365 天吃一塊蛋糕的效用應該要遠高於第 366 天吃兩塊蛋糕，所以選擇今天吃一塊蛋糕的人也應該選擇第 365 天吃一塊蛋糕才對。

畢竟這兩個問題的唯一差異，只是第二個問題的選項都各加一年，也就是 365 天，在折現率固定的假設下，沒道理第一

題選擇今天吃蛋糕的人第二題會選擇多等一天才吃蛋糕。因此在這兩個問題中，絕大多數的人前後選擇矛盾，違反理性經濟學關於跨期消費選擇的模型假設。

長期投資的失敗，起因於對未來的模糊感

這樣的現象可以解釋為什麼多數人遇到需要犧牲現有滿足感的決策時，都會非常掙扎，進而做出並非完全理性的決策，造成當下的決策缺乏自制力。

即使現在的犧牲是為了未來會更好，但未來太遙遠、太模糊，這造成許多不健康的消費行為和儲蓄不足的現象。例如減肥永遠是明天的事，今天飯後先吃這塊蛋糕，明天再換吃水果，但是如果每天都這樣想，事實上會是每天餐後都在吃蛋糕，永遠不會吃水果。

投資方面也有同樣的問題，市場短期漲跌非常刺激，吸引許多人進場猜測股價漲跌方向。而很多人短期賺到蠅頭小利之後，就忘記投資是為了「遙遠未來」的長期退休生活做準備，而不是為了獲得當下微小利益的滿足感。

更糟糕的是，由於現在資訊取得非常容易，隨時打開電腦或手機就能操作投資，更造成一般人缺乏耐性，喜歡短線進出的刺激感，這些缺乏自制力的行為，將造成顯著的財富損失。本書後續將探討如何控制缺乏自制力的決策行為。

第 4 堂 損失比獲利 容易使人失去理性判斷

　　如前所述，一般人面對利得時，是風險趨避的，在報酬一樣的狀況下，會選擇沒有風險的選項；但面對損失時，是風險愛好的，在報酬一樣的狀況下，會選擇有風險的選項。

　　這些實務上的觀察，促使行為經濟的先驅學者康納曼等人在 1979 年提出行為財務學最重要的理論：展望理論。[12]

　　下頁圖表 4 繪製了以展望理論來說，一般人在利得區間與損失區間的風險態度。可以看到在利得區間一般人是風險趨避，而在損失區間則轉為風險愛好，所以利得和損失的價值函數（效用）呈現對稱的 S 型。

「賠錢」的感受大於「賺到錢」

　　除了在面對利得及損失的風險態度不一樣，在財務決策行為常常觀察到另一個有趣現象，相同金額的利得和損失，損失帶來的負面效用是利得帶來的正面效用的 2 ～ 2.5 倍。

　　這也就是展望理論中另一個重要推論：損失趨避。對一般

圖表4　展望理論的價值函數

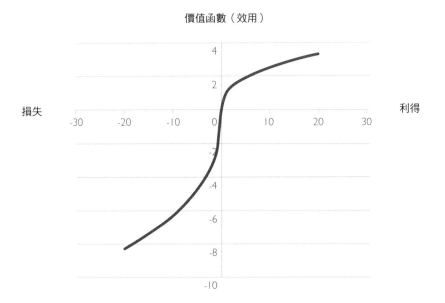

價值函數（效用）

人來說，損失帶來的痛苦感覺是利得帶來的快樂感覺的 2 ～ 2.5 倍，所以傾向選擇避開可能會造成損失的選項。

　　舉例來說，很多人不願意投資股票，主要是股市常常有短期大幅下跌的可能，因而不願承擔股市短期上下的波動。就算股價的漲跌幅度相同，下跌帶來的感受通常比上漲更強烈。

　　然而，為了避免股市短期下跌帶來的痛苦而不願投資股市，也會讓投資人錯失股市長期平均報酬率幾乎必然為正的收益。

　　有個非常有趣的心理學研究證明損失趨避的存在。維多莉

亞・梅德維克（Victoria Medvec）等人 1995 年發表關於奧運頒獎台上獲獎人臉部高興程度的研究。[13] 他們發現，當金牌、銀牌及銅牌得主同時在頒獎台上領獎時，金牌得主臉部表情是最開心的。請問誰是第二開心的呢？

根據研究，看起來第二開心的不是銀牌得主，而是銅牌得主，因為銀牌得主爭取金牌失利，剛經歷心理上的損失，故顯得不開心。銅牌得主在爭奪第三名時贏了，剛經歷心理上的利得，所以看起來非常開心。

然而，從理性角度思考，銀牌得主應該要第二開心才對，理性上來說他是金牌得主以外，全世界第二厲害的人啊！

賣掉賺錢的股票，卻留下賠錢的

展望理論也可以解釋一般投資人股票上漲時比較願意賣掉，因為在利得區間是風險趨避的，所以賣掉就不用繼續承擔風險，況且賣掉賺錢的股票是獲取利益，比較容易決定。

而在股票下跌時傾向留著不賣，因為損失的時候轉為風險愛好，故願意繼續承擔風險，而且不賣不賠，這樣就不會產生損失時的痛苦效果。

這樣的決策不完全理性，股票要不要處分，也就是要不要賣出，應該是看公司未來前景，而非股票現在賺錢或賠錢。這就是財務文獻中很早就被發現的「處置效果」，一般投資人傾

向處分有利得的股票，留下損失的股票，造成大部分散戶把好
的、會賺錢的股票早早獲利了結，然後手上留下的都是賠錢的
股票。這聽起來有沒有似曾相識的感覺。

影響投資成果的
10 個行為偏誤

改變投資行為的第一個步驟，是理解自己可能有的行為偏誤。這裡討論一些常見的行為偏誤，並說明它們如何影響一般人的投資決策，還有產生的負面效果。

　　傳統財務學通常一開始就假設所有人是完全理性的，但是如前文所述，許多行為財務學實證研究明確指出投資人並非完全理性，常常發生決策上的行為偏誤。常見的行為偏誤有後見之明、代表性偏誤、過度自信和心理帳戶等，這些都是根據心理學既定理論推衍應用在財務投資決策上。每個人的行為偏誤不會完全相同，但是充分了解自己的行為偏誤有助於了解並解決投資上常見的錯誤決策。

第 1 堂　本質主義
價格由投資人認定的價值而定

　　本質主義是指人們對事物的評價不一定完全取決於「實質的形體」，而是在於「抽象的本質」。當大家覺得這個東西某些「特質」異於其他類似、甚至相同的形體，例如理想、意義、歷史等，那它便有價值，也就是任何東西你只要認為它有價值，它就有價值。

　　從財務學的理論來看，任何資產的價值都是未來現金流量的折現值。假設某檔股票一年後會為你帶來 1,100 元現金流入，現在利率是 10%，這檔股票現在的價值應該是 1,000 元＝1,100 /（1 ＋ 10%）。

　　然而股市每天波動很大，如果收盤的時候，這檔股票價格上漲到漲停板 1,100 元，在公司風險沒有改變的假設下，此檔股票一年後的期望現金流入應該要增加到 1,210 元＝1,100 ×（1 ＋ 10%）。

　　但是請想想，一天之內對一年後的股票現金流入評估從 1,100 提到 1,210 元，在理性的評價模型下，應該不容易發生，

或者是這代表原始的股票評價有嚴重問題？我的解讀是未來現金流難以評估，所以股票價格很容易受本質主義影響，本質主義在這裡或許可以解讀為投資人的情緒。

鑽石和黃金原本就貴？不，是你賦予的

舉例來說，鑽石一直很貴，而且現代被當做定情之物，但歷史上鑽石並非一直受到追捧。[1]

戴比爾斯公司（De Beers）是世界最大鑽石貿易跨國公司，主宰全球 40% 鑽石開採、加工和貿易。1947 年時，為了在美國加強行銷鑽石的力道，想出大家現在都耳熟能詳的響亮口號：「鑽石恆久遠，一顆永留傳。」（A Diamond is Forever.）這句話使鑽石業產生巨變，引起大眾對鑽石的興趣，並且促使價格大幅上漲。

鑽石其實就是碳原子，在地球深處經過極高壓、極高熱的環境數十億年後，在火山爆發時隨岩漿噴發到地表。鑽石除了賞心悅目，對個人其實沒有什麼用途，既不能吃，也捨不得拿來裁紙。

目前實驗室合成的人造鑽石，其化學成分和基本晶體結構與天然鑽石相同，而且價格便宜很多。除非是專家，一般人很難辨別天然鑽石和人造鑽石的差異。但是假如你拿人造鑽石向女朋友求婚並據實以告，你覺得成功的機率有多高？

　　黃金也一樣，自古以來就是皇室和富人炫耀財富的重要貴金屬。雖然世界各國央行已經放棄金本位的貨幣發行制度，但黃金仍然是美國聯準會及各國央行的貨幣發行準備。

　　我經常在課堂上問學生，黃金為什麼有價值？通常得到的答案是，因為稀有性及黃金是央行的重要貨幣發行準備。論稀有性，同樣是貴金屬且具有更廣泛工業用途的白金產量比黃金更為稀少，白金的年產量約為黃金 1/30。[2]

　　但是觀察歷史價格，從 1985 年後白金的價格確實較高，但最高也大約只是黃金的 2 倍，並非 30 倍。[3] 自 2011 年後，黃金的價格甚至開始超過白金，至 2023 年 9 月黃金價格已經是白金的 2 倍以上，所以稀有性這個理由並不完全成立。

　　為什麼各國央行要將一堆「沒有實際用途」的金屬藏在地下室或山洞裡，花大錢建置各種防盜設備，甚至派軍警鎮守呢？原因還是要回到本質主義，大家覺得黃金與其他金屬「有些不一樣」，它就不一樣。只要大家認為黃金有價值，它就有價值，因此黃金是各國央行發行貨幣的重要儲備，但是實際功能比較像是拿來維持信心而已。

供需關係決定虛擬貨幣、藝術品與限量品的價值

　　無實體存在的比特幣及 NFT（非同質化代幣）價值飆高，這些現象都可以用本質主義解釋。比特幣與黃金有些類似，實

際上都沒什麼用途，黃金還可以穿戴好看，但比特幣只是 1 組無形密碼，價值取決於人們對其認知的「本質」。

第一則推特推文的 NFT 起拍價是 7,000 萬新台幣，得標者拿到的是一組「不可竄改」的 NFT。NFT 是基於區塊鏈上的加密貨幣，與其他加密貨幣不同的是，每個 NFT 都是獨一無二，可以拿來做為數位資產的憑證。這其實和比特幣很像，都是基於本質主義下被創造出來的心理價值。

藝術品也是另一個藉由本質主義產生價值的事物，真跡比仿畫貴很多（即使你無法分辨），知名藝術家的畫作常常以超乎想像的高價賣出。名人用過的東西比較貴，例如麥可・喬丹穿過的球鞋比同款球鞋貴許多，甘迺迪用過的高爾夫球具以高價拍賣，甚至歐巴馬吃一半的早餐都曾出現在網路拍賣。[4] 但是我用過的馬克杯如果放上網站拍賣，可能得倒貼並免運費才能賣出去。

又如每逢某件事的五年、十年或百年，機構、公司或個人通常會舉辦隆重慶祝活動，好像有特殊重大意義。但是你卻很少聽到有人盛大慶祝第十一年或第五十一年週年慶。但是從理性層面來說，那不過是人為日曆計算方式的結果，沒有太大的實質意義，不就是又過一年嗎？

另外只要打著「供給有限」的旗號，便很容易誘發投資人的需求，不論是真的或假的需求。這也是基於本質主義的行銷

應用，所以理性經濟學的供需決定價格理論，在行為經濟學加點料之後，創造出假性有限供給，也仍然適用。

但是仔細想一下，所謂限量版的名牌包，不過也就是個限量的皮袋子，限量的公仔，也不過就是個限量的塑膠玩偶。

昂貴的葡萄酒一定好喝嗎？因人而異

我品酒多年，發現葡萄酒也適用本質主義，價格相差 10 倍的紅酒通常不是因為貴的那瓶有「10 倍好喝」，而是歷史、意義和故事等「本質」上的感受不同。

品酒雖然有類似科學的特質，但更像藝術。例如，你不太可能用黑櫻桃味形容白酒，也應該不會用蜂蜜味形容紅酒，但是細微味道的辨別，就很主觀了。

有些人覺得喝葡萄酒的人品酒時很會裝，什麼檸檬、熱帶水果、黑醋栗、覆盆子、奶油餅乾、吐司麵包、香草、巧克力或皮革味等，也太會裝了吧！

但是如果不用你熟悉的味道來形容我入口的酒，如何傳達感受給你呢？難不成透過腦波感應嗎？

你覺得酒有什麼味道就有什麼味道，沒必要、也不用和別人一樣，不必因為嚐不出別人說的味道，就覺得自己味覺不行。任何味道都是個人生活經驗的反射。曾經有朋友跟我說某瓶白酒有「新網球」的味道，但我根本沒打過網球，雖然很難體會，

但能理解那是他生活經驗的一部分，應該是很深刻的體會。

　　就像有些國家沒有產芭樂，但白蘇維翁白酒通常充滿很濃的芭樂味，當你說這支酒有芭樂味時，有些外國人會一頭霧水。更何況有的紅酒帶有明顯豬血糕味道，但外國人怎麼聽得懂，拿根豬血糕給他吃他就知道了。

　　至於酒的價格，雖然與好不好喝有關，但並非絕對相關。比較貴的酒通常酒質會比較好，味道和層次比較豐富，餘韻也比較悠長。重點是產量少，也就是經濟學講的供需決定價格，就這麼簡單。找到自己對味的酒，比追求高價酒更為實在，再貴的酒要是你覺得不好喝，不就傷肝又浪費錢而已嗎？

　　至於市場上常見的「限量版」、「地區限定」、「XXX特選桶」，價格便翻了幾倍，因為這些用字，總會讓人覺得這些酒「本質」上好像有什麼不一樣，便會提高興趣。「限量、地區限定、特選」是用來造成供給有限的感覺，是否真的如此特別，還是要看個人的口味和喜好，不要看到關鍵字就跳坑。也就是本質主義很容易引起投資人的情緒，因此做出不理性的消費決策。

第 2 堂　認知失調
想盡辦法合理化自己的認知

　　我認為很多決策偏誤都可以應用心理學的認知失調來解釋，認知失調指人在思緒中產生兩個矛盾認知，而產生心理壓力或焦慮。

　　為了緩解認知失調產生的不適感，我們會試圖改變矛盾的認知，讓自己的認知恢復調和一致。例如一般人都不願意承認自己能力不佳，所以考試表現不好時，便產生自信心與實際表現不好的矛盾認知。這時多數人會試圖從心理上改變自身矛盾的認知，讓認知恢復調和一致。

　　調和認知的方法，包括改變對自己行為的認知，例如：「我已經比上次進步很多了。」或降低矛盾的重要性：「一次考試並不能代表什麼。」

認識到「自己能力不足」非常困難

　　在財務決策上，當你認真研究某檔股票，認為它未來會漲而買進，之後其實也只有漲或跌這兩種狀況。當你認真研究買

進後，股票大漲，請問你會認為是自己的分析能力好，還是運氣好？如果買進後，股票大跌，請問你會認為是自己的分析能力不好，還是運氣不好？

多數人在自己的預測與未來走勢一致時，傾向認為是自己的能力好，而當預測與未來走勢不一致時，則傾向認為只是運氣不好。

這是因為當自己的預測與結果不一致時，如果認為是自己的能力不好，內心便會產生認知失調。在這個時候換一個想法，認為自己只是運氣不好，便可以改變內心矛盾的認知，進而消弭心理的壓力或焦慮。

這個現象在心理學又被稱做「自我歸因偏誤」，意指人們傾向將成功歸諸於自己的能力，將失敗歸諸於無法控制的外在狀況或運氣不好。因此要一般人認知到自己能力不足，當然非常困難。

人們只接受與自己想法一致的事實

認知失調也會導致確認偏誤，也就是解讀資訊時，刻意強化與自己信念相同的訊息，忽略與自己信念衝突的資訊。

巴菲特說：「人們最擅長的事就是對新訊息做出解釋，確保原來的結論不會改變。」在人類的思緒中，「合理化」比「合理性」重要。人類思緒中的因果箭，總是傾向由信念射向證據，

而非相反。面對與自己信念違背的事實及數據時，我們基本上
不考慮去改變自己的信念。

　　更常見的是，我們根本就拒絕接受與自己想法違背的事實
及數據，在無法對它們視而不見時，我們的錯誤信念還可能會
更為加強，甚至改變外在證據來配合自己的想法。

　　確認偏誤會造成一般人難以認知到自己決策上的盲點，或
者即使認知到，也不願意改善，因此很多行為偏誤都是由認知
失調導致的。

第3堂 後見之明
用發生之事來證明自己的方法

後見之明偏誤是指人們得知某一事件的結果後，便將之歸因合理化，也就是看到某一事件的結果符合預期時，就會誇大自己事前預測的能力，當事件不符合預期時，就選擇性淡忘，也就是「事後諸葛」。

人類記憶不像電腦硬碟能完整、客觀且未經編輯的存取，通常只選擇「看到」想看的，忽略與原先想法不一致的現象。

因果關係是人類習慣的思考方式，一般人喜歡將所有事物做出簡單因果分析。

人們喜歡簡單的因果推論

世界上充滿各種隨機的雜訊，很多事情的結果不是特定一個或少數幾個因素造成的。

學術研究確認的因果關係必須有足夠資料檢驗、經過嚴謹統計分析並排除不相關因素干擾，就算這樣也只能說在可容忍的統計誤差範圍內，謹慎確認有因果關係。

　　這也就是為何藥品上市前要耗時數年經過一連串動物及人體試驗，確認某個藥物是否有效比一般人想像的困難很多。這就是我常說的：「因果自然，統計困難。」

　　請閱讀下面這段文字並回答問題。

　　智恩大學時讀財務金融系，積極參與學生會及性別平權的活動。現在她進入職場了，請問下述哪個最為可能？

　　（1）智恩是積極參與社會運動的基金經理人
　　（2）智恩是基金經理人

　　看完這個問題後，許多人會情不自禁選（1），因為在簡單推論下，既然智恩大學時積極參與學生會及平權活動，那麼進入職場後應該也會熱中各種社會運動吧？

　　但是仔細思考一下，智恩如果是積極參與社會運動的基金經理人，那她「一定」是基金經理人，對吧？但是反過來並不成立。也就是智恩是基金經理人的可能性，一定大於她是積極參與社會運動的基金經理人。這個例子說明人們容易落入簡單推論的陷阱。

人們傾向將決策向自己的感覺靠攏

　　在醫學應用上也有一個例子。美國醫師、行為科學家彼得‧

尤伯（Peter A. Ubel）2008 年發表 1 項針對乳癌的實驗研究。[5]

當事先不透露訊息，問受試者認為自己得到乳癌的機率有多少？平均答案是 41%，而且相當願意進行乳房 X 光檢查。但當被告知真正的機率是 13% 時，罹病風險相對「感覺」低很多，他們因此鬆了一口氣，進行乳房 X 光檢查的意願就下降了。

為什麼平均答案是 41%？因為一般人如果要對不熟悉的事情估算機率，多數會從 50%（隨機）開始，然後再做調整。這樣也就造成很多類似實驗的答案都在 50% 左右，該現象與錨定效應有關。

當事先告知受試者真正罹患乳癌的機率是 13%，再問他們如果事先不知道答案，認為自己得到乳癌的機率有多少？結果各有 1/3 受試者說答案是大於、等於或小於 13%，平均很接近 13%，這就是「後見之明」。

更有趣的是，這群事先知道罹癌機率的人，反而會「感覺」13% 的機率相當高，因而比較願意進行乳房 X 光檢查。這顯示人們對風險的判斷並不客觀，而是取決於他怎麼去「感覺」這個風險，還有跟他原始的預期有關。

事實不如預期，人們也不會改變自己的信念

後見之明在投資領域最常見的例子就是買賣股票時，常常會有人觀察到價格走勢與自己原先預期一致時，便說：「看吧，

早就說這檔股票會漲（跌）了。」當走勢與預期不吻合時，便覺得只是運氣不好而完全不置一詞，這種情況可以用前文討論的認知失調來解釋。然而股市起起伏伏，個股未來走勢並沒有這麼好預測，連專家都常常出錯。

　　另一個短線投資人常出現的事後諸葛偏誤例子是，某人在股價上漲賺錢後賣出股票，之後如果股價開始下跌，便會很開心甚至驕傲的告訴別人他的預測能力有多厲害。

　　但如果賣出後股價繼續上漲，便會安慰自己已經賺到了，如同吃到了魚最精華的中段，所以不要太貪心，即使太早賣出也沒關係，「魚尾留給別人賺」。但實際上常發生的狀況是，放掉的這條魚，「魚尾」通常比你想像的大很多。

　　不要忘記，短期交易有買方就有賣方，有贏家就有輸家，一般人要一直贏本來就很困難。然而因為後見之明偏誤，一般投資人傾向事後尋找加強自己預測正確的證據，造成交易過於頻繁，但投資報酬率卻遠遠落後大盤的結果。

第4堂 代表性偏誤
將看似常見的例子當做事實

代表性偏誤是指容易取得的訊息看起來更像真的，好像也更容易發生，但事實卻常常相反。

例如每次高速公路發生連環大車禍，一定會被媒體迅速報導，所以一般大眾感覺開車或坐車很危險。但實際上台灣每天有成千上百萬輛汽車安全到達目的地，這才是真實狀況。也就是汽車安全到達目的地的機率，比出車禍的機率高非常多，但這種事實永遠上不了新聞。

類似的例子是，搭飛機其實比搭車安全，但飛機只要一失事，死傷人數都遠遠超過車禍事故，慘況怵目驚心，因此造成大家誤認為坐飛機比較危險。

保險公司深知此一代表性偏誤可能造成恐慌心理，旅客通常到了機場看到飛機才心生恐懼，所以保險公司在機場的銷售櫃台不愁沒生意。台灣的保險公司很願意在桃園機場付出高額租金設立櫃台，即使 1 坪租金超過 50 萬元，比台北市東區店面租金還貴也願意負擔。[6]

買彩券很容易一夜致富？

　　再舉另一個代表性偏誤的例子。對一般人來說，沒有什麼比聽到有人不需要努力就一夜致富的故事還吸引人了，媒體非常喜歡報導這種類型的故事，例如有人中了樂透彩頭獎或統一發票特別獎。

　　根據媒體報導，有位三十多歲的上班族因為沒有過多預算買太太的生日禮物，於是花了 50 元買一張大樂透送給太太充當禮物，結果開獎時竟然中了頭獎 1.2 億元。彩券公司的發言人甚至說：「這就是『一券在手，希望無窮』。」[7]

　　媒體也非常喜歡報導有人在便利商店買了 40 元的咖啡（或是茶葉蛋、洋芋片或衛生紙……），發票中了 1,000 萬元這種故事，幾乎每期發票開獎都會有類似報導。

　　這樣的新聞總會吸引人情不自禁想讀一下，然而中獎的畢竟是少數，絕大多數人是沒中獎的，經過媒體大幅報導中獎新聞後，會讓人誤認為中獎機率好像很高，這就是代表性偏誤。

　　問題是仔細想想後，這樣的新聞看完後到底對你的知識或人生有什麼成長？難道你會開始每年買彩券當做太太的生日禮物，期望哪一年可以中頭獎？或者天天到便利商店花 40 元買一杯咖啡，期望哪時候可以中特別獎 1,000 萬元？

　　台灣彩券公司的發言人說買彩券是「一券在手，希望無窮」，然而事實是，根據台灣彩券公司網站資訊，自 2014 年 1

月至 2023 年 12 月底止，第四屆公益彩券累積政府彩券盈餘逾
3,012.15 億元。[8] 也就是說在十年的時間裡，全民買彩券平均每
人輸了 1.3 萬元（＝ 3,012.5 億元 ÷ 2,300 萬人）。

　　聽起來很多嗎？其實還好，散戶在股市裡的損失更多。布
萊德‧巴伯（Brad M. Barber）等人 2009 年發表的研究指出，台
灣散戶每年在股市短線過度積極交易的損失為 1,870 億元，是每
年買彩券損失的 6 倍多。[9]

「短線投資能致富」是標準的代表性偏誤

　　同樣的，投資世界裡也常常聽到有人因為有「先見之明」
投資某檔飆股，漲了數十倍甚至百倍，現在已經風光退休。

　　在 COVID-19 疫情期間，台灣股市的航運類股與鋼鐵類股
突然大漲，造就一批少年股神，號稱航海王和鋼鐵人。但是請
仔細想想，這些其實都是後見之明，股市裡有投資成功的人，
就會有失敗的人，為什麼你只會聽到成功的例子？因為失敗的
人不會出來炫耀，這也就是代表性偏誤。

　　從機率上來說，大家一起玩遊戲，即使只根據運氣和機率
成分，不論能力，就是有人會一直贏而最終勝出。

　　假設召集 1,000 人來玩丟銅板遊戲，丟到正面的可以留下來
繼續玩，丟到反面的就出局。假設銅板是公平的，丟到正面或
反面的機率各 50％，丟一次之後大概會有 500 人丟到正面，可

以留下來繼續玩；丟兩次之後會剩下 250 人、三次剩下 125 人、四次剩下六十三人，以此類推到了第八次仍然會有四人一直丟到正面。這個時候你去問那幾個人，為什麼可以一直丟到正面，其中應該有人深信丟銅板需要技巧。

股市每天漲跌機率大概就是各一半，請問在股市裡短期殺進殺出一直賺錢的人，會傾向覺得是自己能力好或運氣好呢？

在投資理財的世界，事實應該是什麼？應該是專注本業，行有餘力將多餘資金長期投入資本市場，做好投資分散與資產配置，就能累積足夠資產，安穩滿足過一生。

長期被動的投資策略勝率比較高，但是你不會對這種統計數據事實有興趣。你還是喜歡聽分析得頭頭是道、但充滿後見之明的股市趨勢預測故事，然後追逐飆股，聽信股票明牌，短期殺進殺出，但績效並沒有顯著提升。

第 5 堂　賭徒的謬誤
相同的事件不會連續不斷的出現

　　2020 年 7 月 27 日威力彩頭獎超過 30 億元，引發很多有趣的媒體報導，例如有些媒體開始分析哪些星座的人比較容易中獎。人類天生難以理解許多事情都是隨機發生的，許多人也不了解機率的真正意義，當看到氣象預報明天下雨機率是 60% 的時候，你真正理解是什麼意思嗎？多數人心中只有會下雨和不會下雨這兩種狀況。

一般人難以理解事件的隨機性

　　任何隨機或牽涉機率的事件，多數人不容易理解，便會尋求外界指引，算命改運或星座預測似乎是可以在這混沌不明的世界中，協助做出決策指引的明燈。

　　以星座為例，你真的相信世界上只會有十二種性格的人嗎？然後某些星座的人會比較容易中頭獎嗎？我是牡羊座，但多數人幾乎都猜不到，最妙的是有一次自詡為星座專家的朋友猜到第十一次才對，然後若有所思的說：「我知道你的星座為

什麼那麼難猜了，因為你是『社會化的牡羊』。」

通常一般人選擇彩券號碼時，會傾向 1 ～ 9 選一個、10 ～ 19 選一個、20 ～ 29 選一個，以此類推，因為這樣選號看起來比較「隨機」，中獎機率比較高。

然而請仔細想一下，即使選擇 1、2、3、4、5、6 這幾個連號數字，中獎機率和其他隨機數字其實一樣，但多數人不會選擇前面連續的號碼，甚至會避開，因為看起來實在太不隨機。

台灣彩券公司的官網上公布各種彩券的冷熱門號碼，可以看出來每個號碼出現的機率是隨機的均勻分配，也就是出現的機率基本上一樣。[10]

或許頭獎號碼是一般人不喜歡的數字，但請仔細想一下，上次出現這組號碼之後，下次再出現的機率其實和其他任何一組號碼都相同，每次開獎的號碼都是隨機的。

當我向學生說明這個概念時，很有趣的是，有學生跟我說這個機率算法或許沒錯，但歷史上還沒有出現過連續兩期號碼一模一樣的吧？

我確實沒找到威力彩連續兩期號碼一模一樣的資料，但這個說法很明顯又是有限理性的心理偏誤，實際沒出現過，不代表統計推論就是錯的，只要開獎次數夠多，總有一天必定會出現連續兩期一樣的號碼。在美國已經有人用同一組號碼中了三次樂透彩頭獎，證實同一組號碼是會重複出現的。[11]

預測短線價格趨勢就等於猜測彩券中獎號碼

我曾經在便利商店用餐區看過認真算牌的人，手上有好幾份猜測彩券號碼出現機率的報紙。我其實滿佩服出版這種報紙的人，完全沒提供有用的資訊，卻可以藉此賺錢，發明者應該拿諾貝爾經濟學獎。

你知道誰比你更希望彩券號碼是隨機的嗎？就是彩券公司。彩券開獎號碼如果能「算出來」，彩券公司早就破產了。算牌沒有任何用處，然而信者恆信，不信者恆不信。

股價預測也一樣，比較像是信仰問題。股價如果可以預測，早就沒人要工作了，一切不過是事後諸葛，但仍有一整個產業的人和「自認專業」的散戶不相信。

投資不是賭博，任何短線交易都是有人賺就有人賠，因此是總損益為零的零和賽局。短期交易有輸有贏，看似比賭博的賠率公平，因此老是有人想碰運氣靠短線交易股票，甚至交易期貨選擇權來「翻身」。

買彩券和短線交易都是在繳交窮人稅

美國的彩券銷售總額有一半是由最窮的 1/3 人口購買。成年人平均每年花費 300 美元買彩券，但這群窮人每年買彩券的花費是 450 美元，他們已經很窮了，還花占資產比例相對高的金額購買穩輸不贏的彩券，原因就是想「翻身」。

　　如果將這 450 美元長期投資市場指數的金融商品，四十年下來就是一筆不小的財富，所以買彩券是在付不折不扣的窮人稅，劫貧濟貧。[12]

　　賭博會成癮，賭徒不會因為押一次大賺就收山，而是會繼續拗下去。因此考慮頻繁交易的成本和稅金，短線交易仍然是久賭必輸。跟窮人喜歡買彩券一樣，窮人更喜歡短線交易，然後跑來跑去，愈跑愈窮，想翻身變成翻船。

　　你看過大老闆當沖自己公司的股票嗎？長期投資才是保證富有的做法，跌了繼續有紀律的買進。股市不是賭場，是讓你成為資本家長期累積財富的地方，在股市短線交易不是投資，而是娛樂、是賭博，也是賠錢的保證。

不管多少次，擲硬幣出現正反面的機率都一樣

　　再回到丟銅板遊戲，假設銅板是公平的，也就是出現正面或反面的機率各 50％，請問如果丟了五次都是正面，那下次會出現正面或反面？

　　這個時候課堂上通常會有兩個極端的答案，有的人認為這個銅板有問題，所以下次還是會出現正面，這個答案是錯的，因為忽略出現正面或反面的機率各 50％ 的基本假設。

　　另外有些人記得這個銅板是公平的，而且知道長期正反面的機率各 50％，所以下次出現反面的機率比較高。

這樣的想法其實也是錯的，雖然對統計有基本理解，知道以大數法則來說，長期正反機率各 50％。但是銅板才丟五次，大數法則並不適用，大數法則要實驗成千上萬次之後，才會在「樣本平均值」上實現。

每次丟銅板都是獨立事件，不管丟幾次、之前出現幾次正反面，下次出現正面或反面的機率仍然各 50％。

對隨機事件的幻覺是一種迷信

在拉斯維加斯，「花旗骰」是很受美國人喜歡的賭場遊戲，原因之一是賭徒可以丟出兩顆骰子來決定遊戲結果，這讓他們覺得自己可以控制骰子，心理學稱為「神奇式思考」。

賭場規定，骰子一定要碰到賭桌對面的牆壁再彈回來才算數，這讓丟出來的數字實際上仍是隨機的。賭徒當然不相信丟出去的骰子只會出現隨機數字，便出現許多很奇怪的行為。

例如，丟出骰子前讓身邊的異性同伴先對骰子吹口氣，稱為 Lady Luck，即希望幸運女神降臨自己身上。這個場景在非常受歡迎的電視影集「銀河飛龍」出現過。想當然耳完全沒用。拉斯維加斯以前有個飯店就叫 Lady Luck，但後來倒閉了。

賭徒大概是世界上最迷信的一群人，賭博時有各種禁忌或行為，希望能提高獲勝機率。例如，台灣人相信紅色是財富與好運的象徵，據說打麻將時穿紅內褲贏的機率比較高。但是老

實說，打麻將時穿紅內褲、黑內褲、白內褲或花內褲，輸贏機率都一樣。我知道你並不這麼想，而且非常討厭打牌時有人拍你的背，或在你面前看書。

第6堂 過度自信
人們總是自我感覺良好

　　過度自信應該是行為財務學最被廣泛研究的行為偏誤，很多研究也證實散戶、專業投資者和專業經理人常常有這種行為偏誤。過度自信是指對自己的能力或知識有過度膨脹的評價與正面感受，白話來說就是「自我感覺良好」。

　　賈斯汀・克魯格（Justin Kruger）等人 1999 年發表的研究進一步表示，愈是能力不強的人，愈傾向高估自己的能力，而且無法認知並正視自己的能力不足，因此過度自信的程度更強，反而是能力愈強的人，愈會正視自己的不足之處，這就是所謂的「達克效應」（Dunning-Kruger Effect）。[13]

過度自信的檢測方式

　　過度自信通常有幾種型態，包括優於平均效應、錯誤評估及過度樂觀。瑞典心理學家奧拉・斯文森（Ola Svenson）1981年發表的研究指出，80% 的受測者認為自己的駕駛技術比一般人好，駕駛風險也比平均低。但是從統計上來說，駕駛技術優

於平均的人應該只有 50%。[14]

　　如果大家都能客觀評估自己的能力，應該只有 50% 的人會回答自己的駕駛技術優於平均，也就是至少有 30% 的人陷入過度自信偏誤。

　　錯誤評估是指一般人對自己評估某件事情的準確度有高估的傾向。我在課堂上會問學生，中國大陸五嶽中號稱「五嶽獨尊」的東嶽泰山有多高？但是我不要學生給出單一高度，而是提供一個範圍，如果有 100 個學生一起猜，應該有 80% 同學（也就是八十個人）猜測的範圍會包含泰山真正的高度。

　　簡單來說，就是你覺得什麼樣的範圍有可能包含泰山真正的高度。在開放猜測之前，我會簡單說明泰山是聯合國公布的世界自然與文化雙重遺產、齊魯文化中心、中國古文明重要發源地之一，也是古代中國皇帝祭祀和舉行封禪大典的地方。

　　絕大部分的結果顯示，80% 的同學猜測的範圍並沒有包含泰山真正的高度。泰山的高度是海拔 1,545 公尺，學生常見的答案有 2,000 ～ 2,500 公尺、3,000 ～ 3,300 公尺或 1,000 ～ 1,200 公尺等，這個問題的重點不在於有沒有猜中，而是學生的猜測區間範圍通常過於狹窄，造成猜測範圍包含泰山真正高度的人遠低於 80%。

　　想想看，一座這麼重要的山高度不可能沒有 500 公尺，對吧？全世界最高的聖母峰高度約 8,848 公尺，所以對泰山一無所

知的狀況下，如果一定要猜對，你是不是猜 500 ～ 8,848 公尺就幾乎一定會猜中？但是這個區間範圍超過 8,000 公尺，一般人不會這樣猜，因為這麼大範圍會讓自己「顯得」很沒有自信，面子掛不住。

過度自信的另一個呈現類型是過度樂觀，也就是做了一件事情之後，會覺得主觀的成功機率大於客觀的真正成功機率。例如考試後通常認為答對的題數遠大於真正答對的題數。大學生畢業去面試後，認為可以獲得的工作機會，遠遠大於最終實際得到的工作數。

另外，台灣近年來離婚率高居亞洲前幾名，[15] 但是詢問新婚夫妻覺得婚姻可以持續多久時，你覺得他們會客觀的和你談機率問題嗎？不會的，多數人會覺得他們的愛情可以持續到天長地久、海枯石爛。

過度自信大幅減損投資績效

布萊德‧巴伯和特倫斯‧歐登（Terrance Odeam）2000 年發表的研究指出，當投資人過度自信，就會有過度頻繁交易與投資標的過於集中的現象。[16] 然而，短線交易的成本如交易手續費及稅金很高，頻繁買賣股票，投資人的收益也會跟著降低。

由下頁圖表 5 的研究結果可以看出，不考慮交易成本時，交易最多的投資人與交易最少的投資人組別，報酬率差異不大。

圖表 5　　交易頻繁程度與投資績效

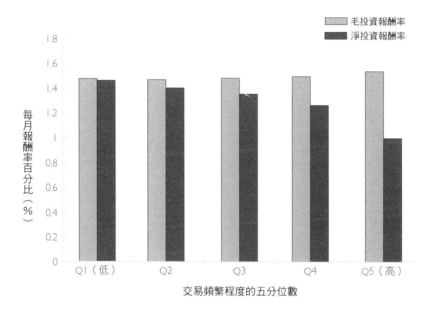

資料來源：Brad M. Barber, Terrance Odean, "Trading Is Hazardous to Your Wealth: The Common Stock Investment Performance of Individual Investors," *The Journal of Finance*, Vol. 55, Issue 2 (2000), pp. 773–806.

但是扣除交易成本之後，交易最多的投資人之淨投資報酬率，就大幅低於交易最少的投資人群組。

　　但是散戶不相信客觀的實證證據，只相信自己「一定有」短期的卓越操作能力，更糟的是許多人不認為自己是散戶，卻還是持續以散戶的資源與資訊（其實是雜訊）實行法人式的主動操作。

　　你真的以為巴菲特是自己在分析市場嗎？不是，他背後有比你專業幾百倍的投資團隊正等著你犯錯，然後從中獲利。

過度自信難以矯正

　　過度自信可以透過學習和經驗獲得改善嗎？這邊有兩種想法，第一種是經過學習，認知到自己的能力不足之處，會適當調整自信心。

　　另外一種想法是，因為自我歸因偏誤及確認偏誤，過度自信反而會因為學習愈多與累積愈多經驗而加強。

　　自我歸因偏誤是指一般人傾向誇飾自身成功經驗並刻意忘掉失敗，因而難以認知或了解自己實際能力的過程。確認偏誤則是選擇性接收訊息，甚至扭曲訊息，讓自信心不至於受到損傷。

　　大部分學術研究發現，學習無助於減弱過度自信，反而會增強，例如在投資經驗上，人們總是比較願意分享自己的成功經驗，刻意淡忘失敗經驗。

　　頂尖財務期刊《金融研究評論》（*The Review of Financial Studies*）的經典論文〈Learning to Be Overconfident〉（過度自信是經由學習而得來的）正是討論這個現象。[17] 許多財務學的實證研究也發現，收入愈高、教育程度愈高且經驗愈豐富的人，其過度自信程度就會愈高。

第 7 堂　心理帳戶
對於消費決策有不同的判斷標準

　　在心理學上（行為經濟學）投資人在心裡把錢分門別類的情況稱為心理帳戶。每一塊錢都可以互相取代，但是由於投資者在心裡會把錢分門別類處理，因此常常造成決策錯誤。

　　舉例來說，請問打麻將贏來的錢還是每個月領到的薪水比較容易隨意花掉？我相信多數人的答案是前者，畢竟是「不義之財」，對吧？但錢就是錢，獲得的來源並不會影響金錢價值，對待金錢的方式不應該因此而有所不同，但事實上並非這樣。

心理帳戶造成的消費決策偏誤

　　以下這個例子出自特沃斯基和康納曼 1981 年發表的研究：[18]

（1）你決定看門票 1,000 元的戲劇演出，但是還沒買票。進入劇院前，你發現弄丟了一張千元紙鈔。請問你是否仍然願意花 1,000 元購票入場呢？

（2）你決定看門票為 1,000 元的戲劇演出，並且買好票了。

進入劇院前，你發現弄丟了門票且無法補發。請問你
會再花 1,000 元買票入場嗎？

在理性經濟學家眼中這兩個問題並無不同，門票不就值
1,000 元嗎？然而針對第一個問題，88% 受訪者表示會選擇買票，
但第二個問題只有 46% 受訪者表示會再花錢買票。

為什麼比例差這麼多？因為第一個問題中，弄丟現金和門
票在心裡分成不同帳戶處理，錢是錢，票是票，所以願意買票
的人比較多。

但是第二個問題中，弄丟的和重新購買的門票都來自相同
「心理帳戶」，所以如果再買一張票，感覺就像是花了 2,000 元
來看這場演出，有些人會覺得不划算。

美國經濟學家潔絲汀・黑斯廷斯（Justine S. Hastings）等人
2013 年發表的研究指出另一個消費決策的心理帳戶現象。[19]

2008 年金融海嘯期間，多數人的收入都顯著下降，油價也
跟著大跌，但是加油站裡加便宜普通汽油的人卻變少了，反而
是加比較貴的高級汽油的人變多。

這是非常奇怪的現象，根據經濟學理論，收入降低時，加
便宜普通汽油的人應該要變多才對，省下來的錢剛好可以補貼
但一定要消費的基本需求，例如食物。

這個奇怪現象可能的解釋之一便是心理帳戶。假設一般人

心中設定每週要花 50 美元加油，本來是加普通汽油，現在汽油整體價格下跌，加普通汽油「花不完」這 50 美元，於是決定改加高級汽油將 50 美元花完。這樣的決策其實沒有效率，反而讓效用與福祉下降。

心理帳戶造成的財務決策偏誤

在財務領域，心理帳戶常常會導致沒有效率的決策。例如許多父母會替子女準備留學基金，長期存放在風險較低、收益也低的投資上（例如定存），但同時又去借利率高很多的房貸或車貸。這種做法等於是將自己右手的錢借給左手，還讓銀行收取利差及手續費。

理性做法應該是拿收益低的留學基金去還房貸或車貸，這樣立刻省下貸款利率與定存利率之間的利差，等小孩要留學時再去借錢給小孩念書就好了。但一般父母因為擔心到時候沒有留學基金，使孩子無法念好學校，因此大多不願意這樣做。

心理帳戶也會造成投資人對股息及本金的看法產生差異。一般人收到股息時會比較容易花掉，因為是「賺來」的，拿來用感覺比較「安心」。如果要投資人賣掉一部分股票來創造現金收入，就好像在「吃老本」，會有心理障礙。

但不管股息或賣掉股票，拿到的現金都是自己的錢，資產不會因為是來自股息或資本的心理帳戶而產生任何改變。

　　現金是立即可以拿到手的，摸得到、感覺得到，但股票感覺上就有很高的不確定性，這就是「一鳥在手勝過二鳥在林」理論。

　　股息在台灣要課稅，賣掉股票取得的資本利得不需要，所以領股息有極大稅負劣勢，長期追逐高配息會造成財富嚴重損失。這個問題後文討論高股息商品時會詳細說明。

第 8 堂　框架效應
「換句話說」就能改變投資行為

　　框架效應是指描述決策情境或事實的時候，如果用不同方式描述（例如正面或負面論述），決策者的行為會改變。

　　理性經濟學認為「框架」不重要，也就是如果事物用不同的方式呈現，人們總有辦法看穿，了解事物本質，所以實質比形式重要。但事實並非如此，在許多關於框架效應的例子裡，當用不同的方式描述同一個事實，雖然實質不變，但決策者的心理感覺不會相同，因而做出矛盾的決策。

表述不同造成決策差異

　　根據教育部《成語典》，相傳曾國藩率領湘軍與太平天國作戰，屢屢戰敗，在上奏摺向皇帝報告戰況時，提及「屢戰屢敗」。他的軍師李元度認為太過負面，改為「屢敗屢戰」。

　　請問「屢戰屢敗」和「屢敗屢戰」給你的感覺是否一樣？本質是否相同？「屢敗屢戰」是不是聽起來比「屢戰屢敗」英勇多了，正面又積極。但這兩種敘述本質上都是指不斷戰敗，

完全沒有不同。請再看看以下例子：

（1）這個手術的成功機率有 90%，你願意做嗎？

（2）這個手術的失敗機率有 10%，你願意做嗎？

根據我的觀察，用第一個方式問學生時，願意接受手術的人數比例高很多，但這兩個問題的本質其實一模一樣。

再舉個例子，城市裡爆發了新疾病，身為市長顧問的你找出兩種治療疾病的方法，並提交給市長：

◆框架（1）

A.採用治療法 a，有 80%市民可能存活

B.採用治療法 b，有 20%市民一定會死亡

請問你會選擇哪種治療方式？

◆框架 （2）

A.採用治療法 a，有 20%市民可能死亡

B.採用治療法 b，有 80%市民一定會存活

請問你又會選擇哪種治療方式？

我同樣以班上學生為觀察對象，在框架（1）之下，選擇 A

選項：「有 80%市民可能存活」的比例較高；在框架（2）之下，選擇 B 選項：「有 80%市民一定會存活」的比例比較高。

　　請仔細看一下這兩個框架，描述的內容其實一模一樣，只是說法不同。多數人傾向避開有死亡這兩個字的負面描述，選擇有存活這兩個字的正面描述。

框架效應連你的習慣都能改變

　　在決策應用上，安德魯‧漢克斯（Andrew S. Hanks）等人 2013 年發表的研究指出，只要改變中學餐廳的食物擺設方式，讓蔬菜沙拉與水果等健康食物擺放在更顯眼、更容易取得的地方，菜單上的蔬菜和水果用更鮮豔美麗的圖案呈現，學生用餐行為會有顯著改變，選擇蔬菜和水果的比例提高。[20]

　　這也是框架效應的應用，如果人都是理性的，每個人應該都很了解自己對食物的偏好，因此不管食物怎麼擺設都不會受影響。但事實並非如此，只要稍微改變食物擺設，學生對食物的選擇行為便會受影響，攝取不同食物的比例會大幅改變。

　　在投資應用上，雖然從統計機率來看，股票短期上漲與下跌的機率幾乎各半，但是因為框架效應，如果最近有檔股票一直上漲，投資人也傾向對最近發生的事給予較高關注，認為最近漲的股票未來還是會漲，於是一般散戶便容易有追高殺低的行為，這個只關注近期股價的偏誤也被稱為近因效應。

第 9 堂　錨定效應
買進價格會變成交易過不去的心魔

　　人類進行決策時，常會參考一些容易取得的數字資訊，以便快速做出決策，即使這項資訊可能與決策沒有直接關聯，此現象稱為錨定效應。

　　通常伴隨錨定而來的，是錨定後做出的調整，也就是按照錨定點往上或往下調整來設定答案。特沃斯基和康納曼 1974 年做了一個實驗，要求受測者用心算很快的回答下列算術題：[21]

$$1 \times 2 \times 3 \times 4 \times 5 \times 6 \times 7 \times 8$$

正確的答案是 40,320，但受測者答案的中位數是 512。

把題目換成下面這個：

$$8 \times 7 \times 6 \times 5 \times 4 \times 3 \times 2 \times 1$$

這時候受測者答案的中位數就變成 2,250。這兩個數學問題

的答案其實相同，然而一般人心算能力有限，所以這兩個問法
得到的答案都遠遠小於正確答案。

　　有趣的是，如果從小的數字開始計算，一般人大概算到前
面幾個數字就算不下去，然後往上調整到一個覺得可能的答案，
這時候起始的錨定點低，所以猜到的答案相對也比較小。

　　如果從大的數字開始計算，一般人大概也是算完前面幾個數
字就算不下去，再來也是往上調整到一個覺得可能的答案。然而
這個時候因為起始的錨定點比較高，所以答案中位數也就比較高。

　　從這個簡單的例子就可以觀察到錨定效應。

錨定下的預測及消費選擇

　　我在開始上第一堂行為財務學時，通常會對學生做一個關
於錨定的實驗。

　　先將學生分兩組，各做一份問卷。第一個版本是問澎湖有
幾個島，二十個以上或以下？但是我不要學生寫以上或以下，
而是寫出數字。另一個版本非常類似，只是問題改成七十個以
上或以下？仍然要求學生寫數字，而不是寫以上或以下。

　　通常得到的結果是，第一個版本的平均值落在二十幾到
三十幾，第二個版本則落在五十幾到六十幾。根據澎湖縣政府
全球資訊網，澎湖有九十個島。

　　多數人對澎湖有幾個島應該都沒有概念，所以當問題出現

某個數字時，即使完全不知道這個數字和答案是否有關聯，仍然會將這個數字當做錨定點，加以調整之後給出答案。

有人說這是陷阱題，認為那些數字會誤導人，但問題是理性的人應該了解，這些數字和答案應該沒有直接關聯。而且如果我把這兩個數字從題目去掉，這兩組學生的答案就會很接近。

生活中類似的例子還有很多，例如餐廳會在酒單上列出單價非常高的酒，比其他酒都貴很多，通常點的人並不多。但這樣做的目的，是要讓人點第二貴的酒，因為在很貴的那瓶酒做為錨定點之下，第二貴的這瓶酒看起來划算多了，餐廳銷售也會因此提高。

最便宜的酒你通常也不會點，尤其是宴客的時候，因為怕傷肝而且面子上不好看。況且你猜猜看哪瓶酒的利潤會最好？

買進價格會變成投資的錨定點

運用在投資決策方面，最常出現的錨定點，之前已經說明過是股票買進的價格，也就是報酬為 0% 的那一點。如果投資人買進一檔股票後長期賠錢，當價格好不容易終於回到當初的買進價，這時通常會急於出售，因為已經「解套」了。

賺錢時比較願意賣股票，賠錢時就比較不願意賣股票，這個就是處分效果。隱含的參考點，是當時買進股票的價格。然而這些決策都有偏誤，因為決定買進或賣出某檔股票，應該取

決於公司未來前景，而不是參考過去的買進價格。

　　一般人在高點時不敢進場，覺得風險非常高，恰巧就是錨定偏誤的具體呈現。湯瑪斯・喬治（Thomas George）等人 2004 年發表的研究指出，美國財經媒體每天通常會播報過去五十二週（也就是大約過去一年）股票的價格高點與低點。[22]

　　研究顯示，在股票市場買進價格接近過去五十二週高點的股票，或者賣出遠離過去五十二週高點的股票，是會賺錢的。

　　驚訝嗎？一般人通常「直覺的」認為，股票在接近高點時「風險」比較高，而且繼續上漲的「空間」已經被壓縮，所以應該要賣出股票；遠離過去五十二週高點的股票「價格相對低」，所以應該要買進而非賣出。為何這些直覺正好與研究的結果相反？

　　正是因為一般人都這樣想，所以當股價接近過去五十二週高點時，投資人會因為錨定偏誤，認為股票價格應該不可能再往上漲，所以要不是不敢買，就是趕快出清，造成這檔股票有好消息時，由於在高點時的買盤縮手與出脫賣壓，股價沒辦法一次上漲到消息隱含的合理價值，因此未來消息確實發酵後，股價就會持續上漲，產生正報酬。

歷史價格也常成為錨定點

　　台股在 1990 年 2 月 12 日時來到歷史新高 12,682 點，隨即

下跌超過 70%，直到三十年後的 2020 年 7 月 30 日才被 12,691 點突破。這個數字三十年來一再被媒體及投資人提起，而且討論得超認真。

從理性經濟學的角度而言，12,682 這個數字本身一點意義都沒有，股價指數的計算過程不含現金股息，因此長期指數的漲跌不能代表投資人這段期間經歷的真正報酬，股票若是有除息，股價指數會減少，因此無法跨期比較。

但從行為財務學觀點來看，這個數字具有特殊意義，因此成為投資錨定點。當指數接近 12,682 點時，雖然現在指數與三十年前的歷史高點比較根本沒有任何經濟意義，投資人仍會根據這個錨定點來做出投資決策或投資組合調整，也造成這個歷史高點雖然不具意義，卻非常可能成為不好突破的價格關卡。

特斯拉在 2021 年 3 月 9 日，一天內從 563 美元漲到 673 美元，漲了 110 美元，漲幅將近 20%。沒進場的投資人應該相當扼腕，但這時通常也會覺得價格「已經」太高而不敢追，然而特斯拉之前從 1,000 美元跌到 600 多美元時，卻一堆人覺得好便宜進場「抄底」，但想不到它卻繼續下跌。

同樣價格都在 600 多美元，不過投資人的心理狀態與決策卻大不相同，這便是將過去價格當參考點來形成投資決策，也就是錨定效應的具體呈現。

第 10 堂　有限注意力
人們眼中只看得到自己注意的事物

　　理性財務學假設投資人做出投資決策時，可以取得所有相關資訊、正確解讀，並做出合理的評價決策。這真是太看得起人類了，想想你在課堂上或讀書時專注的時間有多長？因為生理及記憶的限制，注意力是有限的珍貴資源，實際上要一心二用是相當不可能的。

猩猩從視野中消失了？

　　美國心理學家丹尼爾・西蒙斯（Daniel J. Simons）等人 1999 年做了關於有限注意力的著名實驗，他們找了六位學生，三位穿白衣服、三位穿黑衣服，在幾部電梯前的空地互相傳接兩顆球，然後錄成影片。[23]

　　西蒙斯要求受測者看這段傳球影片，計算穿白色衣服學生的傳球次數。整部影片大約三十六秒，第二十二秒左右有個人穿著黑猩猩服裝從右邊往中間走，並在影片正中央做出捶胸動作，再從左邊離開，整個過程大概九秒鐘。

　　看完影片他們問受測者白色衣服的學生傳了幾次球，正確答案是十五次，但這不重要。當繼續問受測者有沒有看到黑猩猩在影片中走過去，大概有一半的人非常驚訝，哪裡有黑猩猩？

　　西蒙斯把影片重新播放給受測者看，沒有要求他們計算傳球次數，這時候大家都看到大猩猩了，有些人在驚訝之餘甚至懷疑影片被掉包，有興趣的人可以做做這個實驗，
影片連結：https://reurl.cc/Rq8WjD。

股價容易被高估，是因為「有限注意力」

　　布萊德・巴伯和特倫斯・歐登 2008 年發表的研究指出，散戶往往買進熱門股，例如新聞大量報導、交易量異常高及單日產生極端報酬率的股票。

　　因為可以買進的股票太多，所以投資人會特別關注引起大眾注意的股票，傾向買進它們，造成其股價容易被高估。賣出股票時不會有這個問題，投資人大部分只會出售已經擁有的股票，不會放空沒有持股的股票。[24]

　　因為市場消息過多，投資人注意力有限，且處理訊息的能力不足，對這種短期容易引起關注的消息，會有過度反應。

　　在 COVID-19 疫情期間，台灣本土疫情於 2021 年 5 月中爆發，5 月 15 日雙北地區疫情提升至第三級警戒。然而美國疫情稍微回穩有望解封，不少台僑決定回美，也有一些台灣民眾赴

美打疫苗，造成一波赴美潮，桃園機場第一航廈湧現人潮。

　　此時長榮航空表示，6 月 7 日開始，飛往洛杉磯航班從原有的三班增加到七班，整整增加超過一倍，合計一週十九個班次飛往美國。華航則表示，國人赴美人數增加，台北前往美西載客率明顯提高 50%。

　　新聞頻頻炒作國人赴美打疫苗、航空公司增班的消息，長榮航空股價於 6 月 3 日及 6 月 4 日連續漲停兩天。漲停板兩天代表這家市值千億的公司價值增加超過 200 億。[25]

　　但是赴美航班去程也不過是六至七成滿，回程乘客甚至是個位數，這波乘客增加只是讓航空公司少賠一點，整起事件對航空公司的長期價值影響應該很小。在疫情未明朗之時，這種短期事件根本不是航空業長期成長率的合適估計指標。短期成長率對公司價值影響很小，長期成長率才是決定公司價值的重要因素。

　　投資人情緒的影響力果然很大，尤其當疫情期間大家在家工作時，對股市的關注力度可能又增加了。這個例子告訴我們，有限注意力確實會引起股價短期明顯波動。

能消除「行為偏誤」的 9 大自制力投資準則

許多客觀證據都指出長期投資的複利效果很大，但由於一般人短視近利，常常賺了蠅頭小利就快速處分掉資產，所以很難堅持長期持續投資，也就是缺乏長期投資的自制力。

我會在這部分明確指出能夠消除行為偏誤的九大自制力投資準則。

投資人常常就算了解自己有某些投資行為偏誤，但是由於行為偏誤具有天生的僵固性，也就是江山易改本性難移，即使知道自己有行為偏誤，也難以消除。

深入了解行為偏誤對投資決策可能造成的負面效果，從實證研究上充分理解缺乏自制力對投資績效造成的顯著負面影響，進而依循外力（自制力準則）限制自身投資策略，是讓自己投資行為能夠趨向理性的良好解決方案。

第1堂 用「長期投資」與「複利」累積財富

世界貧富差距非常大，《2022 年世界不平等報告》（*World Inequality Report 2022*）指出，全球最富裕 10% 人口收入占全球收入 52%，而最貧困 50% 人口收入只占全球收入 8.5%。[1]

前文討論效用理論時說明，理性經濟學假設人都是不滿足的，在此假設下人的欲望無窮，財富以及消費帶來的效用永遠多勝於少。因此從理性角度來看，富人應該會比窮人快樂。

財富不一定能帶來快樂

但實際狀況是這樣嗎？從身邊的親友觀察，應該很容易發現財富和快樂未必完全正相關，這世界不乏快樂的窮人和不快樂的富人。一頓晚餐可以花 100 元吃飽，也可以花 1,000 元吃飽，那麼價格差 10 倍是什麼原因？可能是餐點材料和製作成本都比較高、用餐環境與服務比較好，又或許是加入一些本質主義的心理價值。

你會想花 100 元或 1,000 元？答案取決於你的能力和偏好，

還有對必需品與奢侈品的定義。

根據理性經濟學定義，會因為收入提高而增加對某樣東西的消費，但增幅比不上收入提高的程度，這個東西就是必需品，例如一般食物、水、衣服和大眾交通工具等。

不過如果增加對某樣東西的消費，但增幅大於收入提高的程度，或者反過來說，當收入降低就減少對某樣東西的消費，但減幅大於收入降低的程度，這個東西就可以被稱為奢侈品，例如鑽石、名錶、名牌包、超跑和遊艇等。

然而從行為科學來說，必需品和奢侈品的定義並不是這麼明確。對有經濟能力的人而言，買好車、吃大餐，只要財務能力允許，從行為上來說並不算奢侈消費。問題是很多經濟能力不佳的年輕人將名牌包、節慶大餐、夜店消費和年度海外旅遊等視為必需品，而非奢侈品，其實並不理性。

資產增長的馬步：省錢累積資金＋長期投資

現代社會由於網路社群媒體傳播快速的特性，年輕人在網路上容易互相比較或呼朋引伴爭相消費同一種東西，結果出現過度消費的現象，入不敷出，錯失人生應該盡早開始長期投資規劃的時機。

年輕時雖然收入不高，卻有很長的時間可以等待，從金融市場獲取豐厚複利成果，因此更應該控制不必要的消費，在最

大能力範圍內，將剩餘資金轉為長期投資，讓資產得以增長。

　　投資的目的不是在金融市場一夜致富，短期股市波動非常難預測，能把握的只有股市長期必定上漲的趨勢。從歷史來看，絕大部分富人及其家族的財富都是靠長期、跨代累積而來。

　　因為投機而在金融市場致富的例子非常少，但是世人只看到因此成功的投資人，卻沒注意到因此破產的人，使許多人誤認非常容易從股市短期獲利，這並非事實，正確的金錢與投資觀是將金融市場視為讓一般人成為長期資本家，擺脫完全依賴勞動收入的場所。

　　瓦萊里・波爾科夫尼琴科（Valery Polkovnichenko）2005 年發表的研究指出，美國不富裕的投資者其資產投資於股票的比例低於較富裕的投資者。[2] 另外，根據《紐約時報》2021 年的報導，通常景氣不好時勞工與投資者都會受到負面影響，但是COVID-19 疫情期間，卻只有勞工受到損害，投資人並沒有，因為那時候股票投資報酬並不差，結果讓財富不均變得更嚴重。[3]

　　事實上，不是只有疫情期間才如此，很多美國的學術研究都發現，金融市場的投資與家戶財富之間有正向關係。根據美國聯準會 2019 年的金融消費調查，美國最富有的 1% 人口掌控華爾街約 38% 股票價值，而最富有的 10% 人口則擁有 84%。

　　有趣的是，在台灣儘管仍然是富裕家庭擁有大部分股票，但較不富裕的家庭也有相當一部分資產投資在股票市場。與美

國不同的是，台灣較不富裕者將資產投資於股票的比例，明顯大於富裕者。[4]

布萊德・巴伯等人 2009 年發表的研究指出，台灣平均約50% 家庭擁有股票，其中大多數（70%）是公開上市的個股，不到 1% 是透過購買基金而持有，其餘為未上市股票。[5]

排除房地產後，進一步將家庭按資產淨值由低到高分成四等分，股票占家庭財富的比例為 62%、64%、44% 及 38%。這個研究指出台灣較不富裕的家庭如此積極參與股票市場，可能原因之一是市場提供了賭博機會。

正因為許多台灣人把參與股市當做賭博，想要快速致富或透過短線交易獲利，所以才會造成當沖交易量常常占整體市場的 30 ～ 40%，而且散戶的交易績效非常差。

接著談談台灣散戶的投資績效。

第2堂　絕對不當 「過度交易」的散戶

前文提過，自2014年1月至2023年12月底止，第四屆公益彩券累積政府彩券盈餘逾3,012.15億元。在十年的時間裡，全民買彩券平均每年沒中的金額逾損失逾301億元，你覺得這個金額很驚人嗎？這和台灣散戶每年股市交易賠掉的金額相比，只是小巫見大巫。

布萊德・巴伯等人2009年發表的研究指出，台灣散戶每年在股市損失高達1,870億元，也就是散戶每年在股票市場損失的金額超過彩券購買者每年損失的6倍。[6]

過度交易有損財富

美國的研究發現交易愈多的家戶，其交易績效愈差。布萊德・巴伯等人2009年發表的研究應用台灣證券交易所提供的詳細帳戶資料，指出台灣散戶的交易績效不佳。[7]

該研究比較散戶買進和賣出的股票，發現散戶買進的股票比他們賣出的在140個交易日後，每個月報酬低了4%，顯示散

戶沒有選擇股票的能力。

此外，台灣散戶因為過度交易，年化報酬率減損約 3.8%，也就是如果市場平均每年報酬率是 9%，則散戶會因為過度交易只剩下 5.2%，損失的金額相當於台灣 GDP 的 2.2%，約 1,870 億元，主要損失來自散戶過於積極的下單行為，交易和猜測市場方向損失占 33.58%、手續費占 34.22% 及證券交易稅（證交稅）34.12%。

散戶在交易和猜測市場方向的損失，我們很明顯可以看出財富從散戶轉移到法人手裡，而法人中的外資獲得散戶交易損失的 46.2%，這代表外資幾乎賺走散戶因為過度交易而產生的半數損失。

台灣散戶把股市當賭場

為何台灣散戶投資人在交易產生顯著損失的狀況下，卻仍然熱中交易？在布萊德・巴伯等人研究期間，台灣股票周轉率一年可接近 300%，但美國只有 97%。[8]

在他們研究的期間，台灣股票市場以散戶居多，交易量約占 90%，這和國外市場以法人為主的交易結構非常不同。他們認為除了交易會帶來刺激感，有許多台灣人把股票交易當做賭博的替代品。

該研究指出，台灣公益彩券上市後，股市整體交易量顯

著下降。另一篇有趣的相關研究則發現，當公益彩券頭獎累計超過 5 億元時，台灣市場以散戶交易為主的股票交易量會下降 5.2 ～ 9.1%。[9]

這樣的結果代表當公益彩券吸引力增加時，許多台灣散戶交易者便被吸引過去，將原本要在股市「賭博」的資金拿去買公益彩券。

另一個台灣投資人把股市當做賭場的證據是台股當沖的交易量非常大。當沖就是投資人買賣股票時，在收盤後並不留下任何持股，當日買進一檔股票收盤前就賣掉。

台灣股市 2023 年每天的當沖交易量是成交總值的 40% 左右，也就是有很多交易者認為自己可以預測到一天之內股票的走勢，想要藉由當沖來賺錢。這不就是賭博嗎？你買就有人賣，你賣就有人買。

換句話說，當沖就是在一天之內，跟另一個人對賭股價漲跌。這是標準的零和賽局，所有投資人的總損益是 0，很難想像有人可以持續正確預測一天之內的股票價格走勢。

有散戶當沖者跟我說他只要某天抓到一檔股票的漲跌走向，賺個幾千元，當天的花費就有了。但如果賠了呢？我想他大概會摸摸鼻子，說聲運氣不好就算了。

散戶有什麼理由覺得當沖會一直贏呢？你真的有辦法預測股價「一天之內」的走勢嗎？我實在想不透。合理的解釋是，

人通常只記得贏的經驗，刻意淡化輸的經驗，所以一直勇往直前衝下去。

散戶是永遠的輸家

　　布萊德・巴伯等人 2014 年發表的研究指出，1992 ～ 2006 年台灣每年平均約有三十六萬人參與當沖交易，其中絕大多數都賠錢，只有不到 1% 能夠在扣除費用後持續獲得正報酬。[10]

　　這少數 1% 賺錢的當沖者獲利並非來自積極當沖交易，而是與沒有資訊的其他當沖者對做，提供交易流動性來賺錢，他們的角色比較像股票經紀商，而非投機交易者。十賭九輸，扣掉各種費用後，幾乎沒有人可以透過當沖交易，猜測一天之內的股價走勢來獲利。

　　散戶當沖的交易成本非常高，買賣手續費加上賣出時的證交稅是 0.1425%×2 ＋ 0.15% ＝ 0.435%。如果你每天當沖一次，一年股市開盤天數大約是 250 天，所以一年的交易總成本是 108.75%（＝ 0.435% ×250），超過 100%！假設你是靠直覺買賣（我相信大部分散戶都是），而且漲跌機率各半，那麼長期勝率就是 50%，因此當沖的總損益預計為 0，不過你還要支出一年的手續費和稅金，代表統統輸給莊家。

　　有人說這個數字高估了，線上交易手續費可以打折，交易大戶還可以退回佣金。那手續費就以最低的 1 折來計算，

每次當沖來回的手續費加稅金是 0.1425%×0.1×2 ＋ 0.15% ＝ 0.1785%，當沖一年的交易總成本仍然高達 44.625%（＝ 0.1785% ×250）。

　　股市一年的平均報酬是 9%，也就是你每天花一堆時間和精力盯盤做當沖，至少年報酬率要有 53.625%，才會與持有市場指數型 ETF 的投資人獲得同等報酬。每年都要當沖賺到 53.625% 的報酬應該很不容易，而且聽起來很累。

　　顯然很多當沖散戶都認為自己會贏，但是大家都贏的話，是誰輸了？整場遊戲最賺錢的贏家是收手續費的券商和收證交稅的政府，以股市每天成交量 2,000 億來計算交易手續費和稅金，券商及政府不用承擔任何風險，一天最多能從當沖的合法賭局收取 3.48 億元（＝ 2,000 億 ×40% ×0.435%）[11]。

投資和健身一樣，跑來跑去只會變瘦

　　從 2010 ～ 2020 年整體市場的交易者組成來看，台灣股市散戶的交易比例非常高，約占 60%，遠高於美國的 11% 和日本的 25%。台灣股市散戶持股比例為 38.1%，但是交易比例高達 59.6%，而法人持股比例為 61.9%，交易比例卻僅 40.4%。

　　這背後隱含的意義是台灣證交稅及證券交易手續費的主要貢獻者其實是散戶，財政部公布 2020 年證交稅稅收為 1,502 億元，推估散戶貢獻其中 60%，約 900 億元；台灣全體券商 2020

年的證券交易手續費收入約為 1,000 億元，散戶則貢獻約 600 億元。除非散戶是資訊交易者，也就是比其他交易者知道更多訊息，否則 900 億加上 600 億就是 1,500 億的無謂損失。

我們都知道運動有助於保持身材，跑步可以變瘦，坐著不動只會愈來愈胖。投資也一樣，短期進出跑來跑去只會讓你的財富愈來愈「瘦」，比較好的投資方法是長期被動投資，坐著不要動，把手腳綁起來，這樣你的資產就會愈來愈「胖」。

投資成功沒有奇蹟，只有累積。

第 3 堂　**指數被動 ETF
　　　是散戶最佳的選擇**

　　傳統理性財務理論假設決策者都是理性、自利的，每個人獨立做決策將自己的效用極大化，群體效用也就會極大化。然而，人是群居動物，每天睜開眼睛後，每個決策無時無刻不會受到身邊人事物的影響。

　　人無法獨處於世，而且會考慮他人感受，自利傾向確實存在，但同時也重視公平與對等原則。理性經濟學的另一個盲點，是認為在決策過程中，任何東西都可以用金錢量化，而且人們永遠喜歡多勝於少。不過金錢的激勵並非人們唯一關心的事，許多實驗行為經濟學的結果已經證明這些觀點。

　　例如「公平」在我們的社會中受到重視，但是傳統經濟學並不認為公平對財務決策具有重要性。不過行為研究發現，公平、對等和信任是商業交易關鍵，信任是經濟效率的先決條件。

　　如果我們相信別人會公平對待自己，自然也會公平對待別人，進而產生互相信任。在公平及信任的基礎上，許多商業交易的檢核過程便可以省去，讓交易成本大幅降低。[12] 在金融領

域也一樣，我們通常認為當人們自利時，市場會運作得更好，但行為科學的研究結果卻正好提供相反證據。

違反自利原則的實驗

　　行為經濟學家用非常簡單的「最後通牒遊戲」[13] 來證明人類決策過程存在公平觀念，這個研究先將受試者兩兩配對，但不能看到對方、也不知道對方身分，以確保個人名聲不會影響結果。

　　雙方都了解遊戲架構，例如全部財富金額和遊戲玩法。第一個玩家（提議者）身上會有全部的錢，假設是 10 元，他可以決定將多少錢送給另一個玩家（回應者），從 0 元到 10 元都可以，增加單位最小是 1 元。

　　當回應者看到對方提議的金額時，例如 3 元，他可以接受或拒絕這項提議。如果回應者接受提議，他可以拿到 3 元，而提議者拿到 7 元（＝ 10 － 3）；若回應者拒絕接受提議，那麼雙方都拿不到任何錢。

　　如果你是提議者，會給對方多少錢？通常不會是 0 元，這樣肯定會被拒絕，因為對方拒絕也沒有損失，但提議者自己卻拿不到任何錢。從傳統經濟學角度分析，既然提議 0 元一定會被拒絕，如果對方是理性的，給他最小金額 1 元應該會接受吧？因為如果拒絕就拿不到錢，接受會得到 1 元，接受才是讓自身

利益極大化的決定，故理性答案是 1 元。

　　但是從行為或情感面來說，這個答案似乎有點「奇怪」。回應者明明知道提議者有 10 元，卻只給他 1 元，你認為回應者會覺得公平嗎？此外，提議者有 10 元，如果只給對方 1 元，他會不會覺得不公平，占了對方便宜？正是基於上述行為面考量，學者從實驗結果發現提議者通常會給回應者超過 1 元。

公平在思緒中的重要性

　　羅伯特・福塞斯（Robert Forsythe）等人 1994 年的研究實際操作這個實驗後發現，給 5 元的提議者最多，他們給出手上半數財富，因為這樣感覺最公平。[14]

　　仔細從理性角度思考，其實沒必要給超過 1 元，不是嗎？實驗中甚至很多人給出超過一半的金額。因此從這個非常簡單的遊戲，可以發現決策者並非完全從理性角度思考，同時也會考慮公平性。

　　實際上，回應者也可能拒絕金額過小的提議，大約有 50%的機率會拒絕接受低於 2 元的提議，這個結果也與純粹理性自利的預測不一致。當回應者拒絕任何大於 0 元的提議時，馬上就產生損失，這是不理性的決策，因為有總比沒有好。

　　然而，同樣基於公平性的考量，當某些回應者認為提議的金額過低而覺得「不公平」時，便做出不理性的決策。

　　當然在這個遊戲中，提議者也可能基於自身利益的策略性考量，才給出遠超過 1 元，甚至多達全部財富 50% 的金額，因為提議者害怕回應者覺得不公平而拒絕接受。

　　為了解決這個問題，我們修改「最後通牒遊戲」規則，成為所謂的「獨裁者遊戲」，不論提議者給出什麼金額，回應者都不能拒絕。

　　在獨裁者遊戲中，理性的解答很明確，就是提議者應該給對方 0 元，實驗結果確實這種人最多，大概占 35%，但仍有 65% 以上的提議者給出大於 0 元。

　　這是理性經濟學無法解釋的現象，因為回應者既然不能拒絕提議，就應該連 1 元都不要給他，不是嗎？這時提議者給出大於 0 元的金額，非常可能純粹覺得公平是很重要的，沒有加上策略性的考量。

互相信任有助提升社會福祉

　　信任是另一個人類行為特徵，我們進一步在「最後通牒遊戲」加入互惠機制。這時提議者和回應者各有 10 元，同樣是提議者先決定給回應者的金額，這個金額會乘以 3 倍交到回應者手上，再由他決定還給提議者多少錢。

　　如果雙方都理性自利，提議者應該知道對方不會將翻 3 倍的錢全數送還，他給出去的錢比較可能像拿肉包子打狗，有去

無回，因此會將錢全部留在手上，最後雙方還是各有 10 元。

　　然而，這並非讓兩者利益最大化的決策，比較好的決策應該是提議者基於信任，覺得回應者會認知到公平互惠的重要性，將翻 3 倍的錢送一半回來。

　　在這個假設之下，提議者會將 10 元全部送出去，回應者手上就有收到的 30 元（＝ 10 × 3）和原有的 10 元共 40 元，然後將其中 50% 也就是 20 元送還提議者，這樣雙方都有 20 元。顯然當雙方有信任互惠的基礎時，各自利益會比理性自利的狀態下更好。

　　實驗結果證明，只有 3.3% 的提議者因為怕對方是自利的，因此一開始便決定送出 0 元，以免送出去的錢有去無回。超過 96% 的受測者會送出大於 0 元，更有趣的是高達 13% 受測者送出手上所有財富。[15]

第4堂　金融市場的鐵則：人多的地方不要去

　　金融市場常常大漲大跌，不同時間總有一些投資主題會引起大家注意，一窩蜂跟進，這些現象與盲目從眾的行為有關。

　　人類歷史有絕大多數時間在野外採集與狩獵，面對許多天然災害和猛禽野獸的威脅，演化過程幾乎無法單獨生存，較為合作的群體比較容易存活，因此人類自然有服從領導者的傾向。當人們服從時，就會屈服於真實或想像的社會壓力。

　　美國心理學家所羅門・阿希（Solomon Asch）於 1950 年代執行一些簡單實驗，發現人類行為有顯著服從的現象。他給學生兩張圖（見下頁圖表 6），問右圖哪條線長度與左圖相同。

　　雖然答案顯而易見，相信大家都知道是 C，但如果在場其他八位同學都說是 A 呢？實驗發現，回答各種問題時，平均有 1/3 學生會服從錯誤的多數人，有 3/4 學生至少有一次會服從錯誤的多數人。

　　心理學家認為，服從源自於社會規範和文化，當大家能夠公開觀察彼此的決策時，多數人的答案即使不正確，也會產生

圖表 6　所羅門・阿希的服從實驗

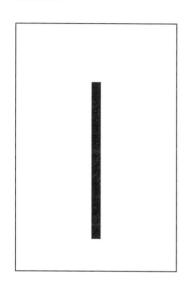
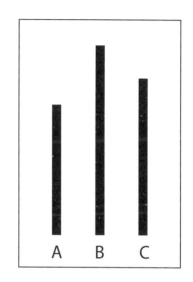

足以影響追隨者決策行為的極大力量。當追隨者放棄獨立判斷，屈服於大眾決策進行選擇時，便產生不理性的從眾行為。

模仿與從眾是人類進化的重要推力

　　模仿或從眾一定不好嗎？這個問題取決於服從、合作及從眾發生的情境。模仿他人正是人類與其他物種非常不一樣的重要能力，現代人類在生物學分類上稱為智人（意為有智慧的人類），其演化過程是把模仿技巧編碼進入腦中。

　　人類比其他物種善於模仿，只要有人創造出有用的新穎事

物，其他人就會很快跟進。例如獨木舟，只要有夠多的人不斷嘗試錯誤，最終會有人建造出可以安全使用的獨木舟，其他人就能模仿，完全不需要知道獨木舟的製作原理。

　　尼安德塔人是與人類同時存在世界上的另一種早期智人，腦容量比人類大，體格更健壯，但已經滅絕。尼安德塔人可以與人類交配生下後代，因此其變異基因有 20% 在現代人類身上留存下來。

　　關於智人在演化競爭中勝出的原因，目前學者仍有爭論，有一派認為是智人更善於模仿，而模仿產生從眾行為，促進人類合群，在演化過程合作的群體更容易存活。

盲目從眾會帶來恐怖的負面局面

　　然而，模仿也可能產生不良行為被放大的後果，特別是透過妄想帶來的信念，其中代價最高又最危險的是關於世界末日信念的散播。

　　故事愈有說服力，愈能破壞思辨能力與思辨技巧，盲目從眾行為的極端表現是「集體迷思」，指某一群人與外界隔絕，思考邏輯一樣、行動一致、忠心耿耿並排擠異己，完全服從領導裁決。

　　以 2003 年美國哥倫比亞號太空梭爆炸事件為例，發射之前，美國太空總署不顧安全小組提出的警告，反而將小組的九

名成員撤換掉五名，讓太空梭得以按原定計畫發射，但最終造成爆炸悲劇。

鼓勵人們發表意見是好事，尤其是與多數人不同的意見，但這很難做到，因為人們傾向跟隨與自己相近的人，導致從眾行為。

我們活在自由民主的體制之下，自然傾向把言論自由當成理所當然，我常問學生民主自由或獨裁體制哪個是主流，多數學生會覺得生活在民主自由體制下的人比較多。

但令人意外的是，專制獨裁才是現實政治上的主流，民主在人類歷史中出現的時間很短，存在全世界數千年的帝制才是歷史主體，甚至現在全世界生活於威權體制下的人口仍多過生活在民主體制下的人口。

集體迷思加上盲目的從眾心理，便造成許多歷史上令人匪夷所思的事件，例如奴隸制度、納粹集中營、南京大屠殺、赤柬種族滅絕和緬甸軍事獨裁等，這些都是盲目服從領導人造成的歷史悲劇。

想避免類似事件再次發生，必須避免盲目服從，要保持獨立思考，並對任何領導政權抱持批判性思考。

歷史上各種資產泡沫化都來自「從眾」

投資上，從眾行為最常表現在追高殺低與投資熱門股的行

為。學術界已經有大量證據顯示股價短期波動是隨機的，然而當某檔股票漲了一陣之後，有時會吸引大家特別關注，這時即使個人客觀分析顯示價格已經過高，但由於從眾行為，還是有許多人會放棄自己的分析與看法，一窩蜂加入追逐資產價格趨勢的行列，追高殺低。[16]

從眾現象造成的後果之一是股價波動過大，而且容易造成資產泡沫，讓市場價格無法快速調整到正確的價值。[17]資產價格波動過大，使投資人承擔不必要的風險，造成效用水準下降，而資產泡沫總會破滅，讓一般投資人蒙受巨大損失。

歷史上從眾行為造成的泡沫非常多，例如 17 世紀荷蘭鬱金香泡沫、18 世紀南海泡沫、19 世紀鐵路泡沫、20 世紀美國經濟大蕭條和 21 世紀次貸風暴，泡沫不斷出現，證實從眾行為是人類行為偏誤中持續存在的穩定特質。

第 5 堂　預測市場 會造成不必要的投資失利

荷蘭歷史學家羅格・布雷格曼（Rutger Bregman）指出，如果把現代人類出現的歷史化爲六十分鐘，農業只出現在最後兩分鐘（3% 的時間），而前面五十八分鐘（97% 的時間）人類都處於採集和狩獵的漫遊全球生活狀態。[18]

野外求生充滿各式各樣危險因素，例如野獸、天氣、食物來源與地形等，所以貪婪與恐懼是人類演化過程中影響決策及行爲最重要的因素。

野外求生需要隨時警惕周遭不時出現的危險，因此恐懼深植人心，需要隨時判讀周遭訊號的心理，已經藉由物競天擇的演化過程深植人心。

例如看到叢林間有黃黑相間的影子一閃而過時，便直覺有老虎，因而產生恐懼拔腿就跑；或聽到一聲巨響時，直覺反應是先離開聲音來源，愈遠愈好，因爲巨大聲響通常代表著危險。

人類在野外採集和狩獵時，並沒有太多時間思考下一步要怎麼做。

恐懼是人類演化遺傳的特質

　　這是經驗法則，也就是決策的捷徑，對於野外求生有益，要是叢林裡真的有老虎，你便避開了危險，如果事後發現只是風在吹，錯誤決定要逃跑的成本也不高。

　　於是對周遭環境充滿恐懼成為人類得以生存的直覺之一，這樣的想法便世代承襲下來，「祖傳的恐懼」正是你今天可以在這裡讀這本書的原因，畢竟當初沒跑掉的人，他的後代應該也無法存活到現在。

　　然而，人類現在已經脫離狩獵採集社會，不在野外求生就無需隨時警惕，但長期演化的恐懼信念仍深深支配人類行為。恐懼的力量很大，獨裁政權善於製造恐懼氣氛以維繫政權，例如被祕密警察對付而消失於人間的恐懼，或是和家人被強行送往邊疆勞改而在那裡餓死或凍死的恐懼。

　　恐懼是獨裁政權最佳的社會黏合劑，在自由資本主義經濟中也有重要影響，例如缺錢的恐懼、失去工作的恐懼或社會階級滑落的恐懼，這些恐懼都會促使個人更加努力。

　　當捷思應用在求生以外的決策上，尤其是需要理性及深入思考的財務決策，就常常出現問題，此即演化錯配。

　　例如當市場忽然大幅下跌，便是類似巨大聲響的警訊，這時候恐懼造成投資人腦中警鈴大響，就將持股全部賣出，之後如果繼續下跌，除了慶幸自己跑對了，也不敢進場買回來，因

為怕會持續下跌。但如果賣出後市場反轉向上，也不敢買回來，因為怕萬一又下跌。

如此一來，因為各種恐懼情緒離開市場後再也不會回來，錯失獲得股市長期較高報酬的機會。

貪婪是求生必要的天性

除此之外，美國內分泌學家傑弗里・弗利爾（Jeffrey S. Flier）和艾萊夫瑟里亞・馬拉托斯－弗利爾（Eleftheria Maratos-Flier）2007 年發表的研究指出，人類野外求生時，食物來源具有高度不確定性，因此當採集狩獵好不容易獲得食物時，就必須盡量吃飽，多餘沒有用掉的熱量會以脂肪組織的形式堆積在體內，之後萬一食物短缺才能活下來。[19]

然而進入農業社會後，食物供給穩定，遇到食物就本能盡量進食的習慣變成現代人過胖的原因之一。這樣的演化過程不只造成人類對食物的貪婪與過度攝取，也衍生出對其他物質，包括金錢與商品消費的貪婪習性。

因此人類行為另一個顯著特質便是貪婪，人類本能就傾向追求金額高、但成功機率低的東西，例如彩券，即使平均報酬率為負，但能用多到難以想像的大筆頭獎金額來吸引你掏錢買彩券。

沒有什麼比聽到有人靠彩券毫不費力翻身致富的故事更能

刺激腦中掌管快樂的情感系統，所以媒體總是喜歡報導有人中樂透彩頭獎的消息和某些人在股市押中飆股一夜致富的故事。

前文提過的 18 世紀南海泡沫便是個很好的例子。1711 年，南海公司取得英國政府授予西班牙南美洲殖民地（當時被稱為南海）的貿易壟斷權。

當時正好股市交易熱絡，又有英國政府背書，南海公司的股價在 1720 年 1 月到 7 月間飆漲了 10 倍，連牛頓也陷入貪婪的陷阱，買進南海公司股票，結果慘賠 2 萬英鎊收場，這筆巨額投資損失等於當時一名技術性勞工六百多年的薪水。

連發現萬有引力定律的聰明人牛頓也會陷入貪婪陷阱，他說了句名言：「我可以計算天體的運行，但無法預測人類的瘋狂行徑。」

偏愛預測是人的天性

喜歡預測市場是人的天性，與聰明才智沒有直接關係。人類這種傾向判讀周遭訊號的心理，使大家不願意相信很多事件其實難以預測。喜歡判斷訊號的心理應用到錯誤的地方，例如完全不可預測的吃角子老虎或難以預測的股市，就會產生許多決策上的偏誤。

然而，機率是數學，不好理解；但感到幸運比較像魔術，很容易催眠人。

　　所以算命和占卜等古老行業之所以能夠持續存在，也和人類認為命運是可預測、可改變，卻不願意相信多數命運的結果是受隨機事件主宰的心理特質有關。

第6堂　盲目投資源自於喜歡聽故事的天性

　　人類思維中，說故事的「敘事」方式總是比客觀證據更能打動人心，所以靠敘事鋪陳的宗教、文學與藝術深深影響著人類文明。

　　每個人類社會都能找到敘事的蹤跡，人類利用敘事解釋事物的由來並傳承歷史、思想與處事方式，這是其他動物沒有的。人類敘事能夠激起恐懼的力量，光靠語言就可以傳播訊息，而其他物種只能透過實際行動。

　　好聽的故事就跟病毒一樣，有著類似的特質與傳播型態，而且永遠不會完全消失，還會持續變種。學術研究的客觀事實和統計觀念是需要經由（痛苦的）學習而得的能力，但要聽懂簡單又好理解的故事不用經過任何訓練。[20]

　　比起聽他人直接說出自己學到了什麼，我們更喜歡透過別人敘述的故事來了解或學習新事物。聽故事的人會將自己轉化為故事主角，因而感同身受，一旦覺得某件事是真的，它就變成我們身分認同與信仰的一部分。

説故事比提供數據有效

如果你打算為公司企劃拍攝衛生棉廣告，你會怎麼執行？一般廣告大多流於陳腔濫調，強調衛生棉輕薄程度及強大吸收能力，這樣的做法雖然提供客觀證據，但通常效果很差。

2015 年，好自在衛生棉公司花費 900 萬美元在以男性觀眾為主的美式足球超級盃播放一分鐘衛生棉廣告。[21] 這支廣告從頭到尾沒有宣傳這個牌子的衛生棉有什麼優點，甚至沒有提到衛生棉。

廣告開頭有幾位不知情的演員，包含一名小男孩、一名成年男性和幾名成年女性，導演要求他們「像女生一樣」跑步、丟球和打架。

由於刻板印象，在美國當別人說你跑步、丟球或打架像女生一樣時，代表你跑得很慢、球丟得不好以及打架時非常軟弱，這些不知情的演員表演的動作確實符合一般大眾對於女生的刻板印象。

接下來導演要求一些還未到青春期的小女孩「像女生一樣」跑步、丟球和打架。這時期的女孩對男女差別還沒有清楚的意識，所有女孩使出全力向前跑、用力丟球以及認真出拳。

當導演問她們：「當我請你像女生一樣跑步、丟球和打架時，你想到什麼？」有個女孩回說：「我其實不太確定『像女生一樣』是什麼意思，應該就是要我全力以赴吧！」

　　女孩通常在青春期，也就是月經開始的時候，意識到男女有別，青春期的她們已經對身體變化感到困惑，自信心大幅下降，這時候外界卻對女性生理及體能帶有負面成見。

　　廣告結語很簡單，就是「像女生一樣」不應該是種侮辱，而是代表「令人驚奇」的事物。這個廣告從頭到尾只有故事，沒有關於衛生棉的客觀數據，卻充滿敘事性故事的渲染力。

敘事性故事的力量勝過嚴謹的科學證據

　　巴西駕照上沒有勾選器官捐贈意願的方框，要經由死者家屬授權才能進行，但家屬往往因為過於悲傷，通常不會同意。

　　巴西政府為了提高器官捐贈率，曾嘗試訴諸公民責任，以圖表證明器官捐贈每年可以拯救數以千計的同胞，但是這種完全客觀的數字和道德訴求並無法有效提高器官捐贈率，後來奧美廣告接受委託，想出能夠提高器官捐贈率方案。

　　巴西人最熱中的運動是足球，最受歡迎的球隊之一是勒西菲運動俱樂部（Sports Club do Recife），於是奧美廣告公司想出了有趣的方案：「不朽的粉絲」。

　　這則廣告讓熱情球迷訴諸情感，說服觀眾成為器官捐贈者，讓你的器官（心、肺和眼睛等）在死後於受贈者身上繼續跳動和呼吸，關注你心愛的勒西菲運動俱樂部！廣告一播出就讓器官捐贈率提高 54%。[22]

　　2021 年 COVID-19 盛行期間，台灣許多新聞報導高齡者接種新冠疫苗後「致死」的案例，但專家大多指出整體高齡者接種疫苗後，死亡率並沒有異常高，也就是平均死亡率並沒有高於未接種疫苗的高齡者（這也就是統計學所謂的背景值），但這是純粹理性「經濟人」的思維。

　　如果是你帶高齡父母去接種疫苗，結果幾天之後他們就過世了，你還會這麼理性的認為與接種疫苗無關嗎？這就是大部分帶有情感的「一般人」思維。

　　如前所述，由於演化過程使然，人類天生就是喜歡預測因果的物種，難以接受有些事是命中注定的想法，一有風吹草動，就會非常自然導出因果關係的推論，所以即使政府提出再多疫苗安全性的客觀證據，還是很難消除一般人的疑慮。

　　歷史上非常多在金融領域造成瘋狂現象的敘事，例如鬱金香泡沫、南海泡沫、鐵路泡沫、網路泡沫、比特幣、NFT 和穩定幣等，其實這些敘事故事都帶有一夜致富的妄想 DNA。

　　然而，進行投資決策時，講再多敘事性故事也無法帶來比較好的收益，客觀事實勝過一切，但很弔詭的是，投資時相信客觀證據的人卻不多，想押中飆股、藉由猜測漲跌方向而短期致富的人還是居多。

雜訊讓預測變得非常困難

到目前為止，我們談的大多是決策偏誤，然而另一個影響決策結果的重要干擾因素，是預測中的雜訊。

雜訊是指每個人對同一件事的判斷與解讀不同，造成決策結果的差異，又可以分為水準雜訊、型態雜訊和場合雜訊。

以法官判案為例，各國常常以天平當做法院標記，意思是法律之前人人平等，也表彰著審判公平性，不論被告身分、不管哪位法官審查，同一個案件的審判結果都相同。

實際上，不同法官量刑程度寬嚴不一，有的平均宣判刑期較長，有的較短，這是水準雜訊。有的法官對某類案子判刑較重，對另一類案件判刑較輕，這是型態雜訊，例如有些法官對弱勢者的案件通常判得比較輕，但某些法官並不會這樣做。

最後是場合雜訊，文獻已經發現，法官剛上班時判案刑度比較重、下班前比較輕。更有趣的是，量刑程度和是否交保的決定，會受到當日天氣影響，這和天氣造成的情緒會影響股市報酬有異曲同工之妙。[23]

專家預測的準確度和黑猩猩射飛鏢差不多

除了雜訊，事件的演變受到許多未來無法預測的因素左右。如前所述，每個人解讀同樣的資訊後不會做出相同判斷，這叫做雜訊。

　　然而，根據現有資料對某件事或某個人的未來做出判斷，事後必然會有許多無法預知的變化，造成預測失去準確性，這叫「無知」。

　　光是雜訊和無知這兩個因素加起來，就應該足以說服你，專家的預測準確度，大概和黑猩猩射飛鏢差不多，一般散戶對市場預測的準確度之差可想而知。[24]

　　預測者無知，但通常又拒絕承認。因此散戶或「自認為」不是散戶的人，仍然充滿過度自信，這就是「否認自己的無知」。過度自信的人，容易在缺乏周全考慮的情況下，得出迅速但錯誤的結論，因此無法客觀認識自己的錯誤和能力不足，經常高估自己的能力，也無法對他人進行客觀評價。

　　否認自己的無知正是避免認知失調的具體呈現，不然一直覺得自己很差怎麼活得下去？因此面對自己的預測有雜訊或認知自己的無知，是非常困難的事。

　　綜合前文所述，人們喜歡聽故事。客觀的事實即使有許多統計數據加以佐證，但是因為沒有故事性，光呈現客觀事實無法輕易說服別人。人們都喜歡做簡單因果推論，因此傾向編織簡單的敘事性故事，快速做出預測，然而由於預測時充滿各種雜訊與無知，使得預測準確率不高。

　　金融市場充滿喜歡聽故事的投資人，金融業者也善於說故事和做出簡單快速的預測，來滿足投資人的心理需求。高股息

商品、主題式基金和虛擬貨幣等金融商品都是敘事性故事下的
產品，後文會再詳述這些商品造成的投資陷阱。

第7堂　注意！
交易稅會大大侵蝕獲利

　　台灣的證券交易所得，也就是買進與賣出證券的價差，目前免稅。財政部在1988年股市狂飆時，為了抑制投機交易，宣布將於1989年恢復課徵證券交易所得稅（證所稅），結果造成股市崩盤。

　　因此立法院在1988年底修法，制定所得稅法第4-1條：「自中華民國79年1月1日起，證券交易所得停止課徵所得稅，證券交易損失亦不得自所得額中減除。」之後民眾買賣上市櫃與非上市櫃有價證券的所得，均無需繳稅。

　　其後於2013～2015年短暫恢復課徵部分證所稅，但同樣造成股市下跌，於是2016年起，財政部又恢復停止課徵證所稅。[25] 只於賣出證券時，課徵3‰證交稅。

證交稅是昂貴的交易娛樂稅

　　課徵證交稅而非證所稅，會對頻繁交易的散戶造成嚴重侵蝕財富的後果。

　　每年繳綜合所得稅（綜所稅）時，相信你一定不會開心，但是在股市短進短出，把股市當賭場時，「娛樂稅」（證交稅）你卻繳得很乾脆。

　　另一個重要觀察是以 2019 年度政府總稅收決算數為例，證交稅是綜所稅的 90%，兩者金額幾乎一樣，而綜所稅則是公司營利事業所得稅（營所稅）的 2 倍。換句話說，個人綜所稅加計證交稅的總額接近公司營所稅的 4 倍，只要證交稅繼續創新高，個人繳交的稅金比例就會比公司高。

　　到了 2021 年 4 月 22 日，台股總成交值創新高為 7,675.95 億元。當沖買賣金額合計竟然達到 4,847.21 億元，當沖量（〔買進量＋賣出量〕／2）占總成交量的 31.6%。當沖總交易戶數 150.22 萬戶，也是新高紀錄。[26] 如前所述，根據研究，台灣股市中 99% 以上的當沖交易戶都賠錢。考慮政府的證交稅和券商的手續費，每天當沖成本共約 0.3%（以當沖證交稅減半，並假設線上交易手續費可以打 5 折計算：0.3% ≒ 0.15% ＋ 0.1425% ×0.5×2）。

　　這看似無害，但日日當沖，每年費用累積高達 75%（＝ 0.3% ×250 交易日）！也就是一年要先賺 75%，之後當沖才能開始獲利，這連神仙也難以辦到吧？所以當然 99% 的當沖交易戶都是輸家，只有政府和券商穩賺不賠。

　　為什麼還是有一群人樂此不疲呢？或許是只記得或強化賺

錢的經驗，刻意遺忘或淡化輸錢的過去，這就是行為財務學理
論中的「確認偏誤」。

證交稅對短線交易非常不利

　　台灣的證券交易所得免稅，只課徵證交稅，這個政策對長
期投資人有利，對短期投資人非常不利。你只要買進後長期持
有市場指數，便可以享受到一年 9% 的市場平均報酬，賣出時，
政府也未課徵證所稅。

　　反觀如果頻繁交易，縱使所有資產一週轉換一次，整年
證交稅加手續費（以打 5 折計算）仍然高達 23%（＝(0.3% ＋
0.1425×2×0.5)×52），也就是必須要從積極的交易中賺到
32%，才能勉強獲得與市場一樣的 9% 報酬。

　　台灣股市只要遇到證所稅復徵事件就會顯著下跌，其實是
非常有趣的事情。台灣股市既然以短線頻繁交易的散戶為主，
那麼課徵證所稅其實比證交稅對散戶更有利。

　　假設長期市場平均報酬 9%、個人綜所稅平均稅率 12%，且
短線交易者每週周轉一次。課徵證所稅，因為有獲利才要繳稅，
一年的所得稅負是 1.08%（＝9%×12%）。改課徵證交稅的話，
證交稅不計損益，有賣出就要課稅，則一年的稅負金額高達
15.6%（＝0.3%×52），這還不包含交易手續費。

　　只要你會在兩個月內周轉一次，亦即一年周轉投資組合超

過六次，對你而言，課徵證所稅比證交稅有利。所以當復徵證所稅時引起投資者負面情緒，使得股價大量下跌，也證明投資人是不完全理性的。

第8堂 分散投資
是唯一的免費午餐

　　常聽到「雞蛋不要放在同一個籃子裡」，就是指要分散風險，投資也一樣，市場走勢難以預測，但是根據學理，分散風險可以輕鬆提高投資效率。

　　相信很多人都聽過「高風險伴隨高報酬」，但從財務理論而言，不是承擔所有風險都會帶來正報酬，因為總風險可以分為必要承擔與不必要承擔的風險。

　　這時必須討論一下現代財務學的分散投資理論，1952年哈利・馬可維茲（Harry Markowitz）首先提出這個嚴謹的理論，證明投資組合要盡量愈分散愈好。

　　因為分散投資可以消除不必要承擔的風險，而且帶來較高的報酬。個股中不必要承擔的風險很高，因此單押個股想獲取較高報酬的想法，對沒有資訊的投資人來說，是不明智的。馬可維茲並說分散投資是唯一免費的午餐，1990年他的投資分散理論獲得諾貝爾經濟學獎。

　　你有沒有想過，為什麼銀行的定存利率會比股票市場長期

的平均報酬率低？在這樣的情況下，為什麼還有人把錢拿去定存？風險是主要原因，存在銀行的定存除了本金有保障，利息也是按照當初約定的利率定期支付，所以風險非常低。

投資在股票市場的錢，除了本金會有劇烈波動，股利的報酬及資本利得也沒有任何保障，所以風險比較高。換個方式想，如果銀行定存和股票的報酬率一樣，請問還有誰會投資股市？

因此財務學基本的理論之一，就是高風險、高報酬，也就是承擔高風險時，本金和收益有較大波動，則預期會有比較高的報酬。

不是所有風險都會帶來正報酬

回到風險的分類，從理論上來說，不是承擔所有風險都會帶來正報酬。舉例來說，到賭場賭博不是也承擔了風險，但為什麼賭博的長期報酬率是負的？

以賭場相當受歡迎的猜大小遊戲為例，莊家在骰盅裡搖三顆骰子，每顆骰子有六個面，分別是 1 ～ 6 點，所以最小的點數總和是 3，最大是 18。三顆骰子加總在 3 ～ 10 之間定義為「小」，在 11 ～ 18 之間是「大」，每次搖完骰子後，賭客押注猜大或小，猜中就賺回賭資的 1 倍。

這遊戲看似很公平，不論莊家或賭客長期報酬率都是 0，因為大和小出現的機率各 50%。在沒有任何一方有優勢的狀況

下，只要對賭夠久，兩方的總期望損益就會是 0，對賭客來說，只「賺到了」娛樂效果。因此在這個例子中，賭客承擔了風險，卻沒有預期的正報酬，這不就違反財務學中的高風險、高報酬理論嗎？

雖然賭客承擔了風險，但是每次丟骰子的風險是互相獨立的，也就是不可預測，這次骰出來的數字和下一次及上一次骰出來的數字沒有任何關係。

從財務學角度來說，這就是獨立風險，也被稱為可分散風險。只要雙方玩得夠久，每次出現什麼數字的機率基本上沒有關聯，莊家與賭客個別的長期平均報酬就是 0，所以承擔獨立風險，並不會帶來比較高的報酬。

獨立風險可以分散，所以賭場一定賺錢

然而，開設賭場的目的就是要從你身上賺錢，不是要讓你開心玩樂的，不然怎麼維持賭場營運成本？

賭場為了賺錢，在猜大小的遊戲設計了陷阱：如果三顆骰子出現相同點數（可能出現三個 1 點、三個 2 點……、三個 6 點，所以總共有六種狀況），不論賭客押大或小都算莊家贏，俗稱「豹子」，莊家通殺。所以賭客面對的不是預期報酬為 0 的公平遊戲，而是在機率上對自己不利的遊戲。

出現豹子而賭場通殺的機率是 $6 / (6 \times 6 \times 6) = 1 / 36$，

大約是 2.78%，賭客每次押注的平均收益就是 -2.78%，因此久賭必輸。仔細觀察賭場的各種遊戲，都有非常類似的設計，例如俄羅斯輪盤上除了 1 ～ 36，還有 0 和 00，因此總共有三十八個數字，但是當你押中某個數字時，賭場只會賠你 36 倍，所以這顯然也是不公平的遊戲。

賭場之所以一定會賺錢，是因為雖然賭博時，每次出現什麼數字的機率沒有關聯，但是在賭場設計陷阱占有機率優勢的狀況下，由於獨立風險長期時會完全分散，只要賭客在賭桌上坐得夠久，賭場就一定會賺錢，賭客一定會輸錢。反之也可以說，賭場如果沒有設計陷阱，在遊戲中沒有占機率優勢，其實不一定會賺錢。

投資時承擔獨立風險，無法獲得報酬

回到財務學的高風險、高報酬理論，那到底是什麼樣的風險才會帶來報酬？顯然不是獨立風險，因為它可以分散，可以將其下降為 0，這樣它就不會帶來任何報酬。

某檔股票股價波動的原因，不外乎是受到整體市場影響或只跟公司自身有關。和市場相關的波動無法分散，稱為非獨立風險，又稱為不可分散風險或系統風險，就算買再多股票組成投資組合，這個組合還是受到整體市場影響，因為裡面每檔股票都會受市場因素影響。

　　系統風險的例子有利率漲跌、油價波動、通膨率波動、失業率變化和經濟成長率變動等。

　　另一個只跟公司自身有關的個別風險就是獨立風險，例如總經理辭職、公司產品有瑕疵召回、公司發展出新製程領先市場或公司債務違約等，每家公司的獨立風險並無關聯，和前文討論的賭博例子一樣。

　　當你買很多股票形成投資組合之後，這些獨立風險各自發生，不會讓所有股票同時往相同方向波動，所以將多一點股票放在投資組合裡，可以分散獨立風險。一旦獨立風險藉由多角化投資下降為 0，獨立風險將無法帶來正報酬。分散投資的好處，就是將無法帶來正報酬的獨立風險「消滅」掉。

　　換個角度來看，假設某檔股票的獨立風險帶來正報酬，你可以買進並加入到已經很分散的投資組合，這時候該檔股票的獨立風險就會消失，等於你可以因為買進這檔股票而獲取較高報酬，卻無需承擔額外風險。

　　可想而知，這種套利機會等於是免費午餐，不可能存在於有效率的市場。相較於持有分散投資組合，單押個股將承擔更高的獨立風險，使總風險增加，卻無法得到較高的正報酬。

避免投資個股

　　從以上推論可知，在財務上會帶來正報酬的風險，就是不

可分散或系統風險，也就是每檔股票受到整體市場影響造成的價格波動。

從學理上來說，最有效率的投資組合是盡量分散的組合，因為在高度分散的投資組合裡，個別股票的獨立風險已經藉由多角化投資分散掉，只剩下無法分散的系統風險。而承擔系統風險就會帶來正報酬，因為沒人喜歡風險，所以承擔系統風險就會有相對應的回報。

分散到了極致就是買進整體市場資產，也就是市場投資組合，這種組合完全分散，市場有什麼就買什麼，是最有效率的投資組合。

所謂有效率的投資組合，是在承擔某個風險量之下的所有投資組合得到的報酬率最高，或在某個期望報酬之下的所有投資組合風險最低。

台灣市場常常吹捧「存股」，但不管存金融股或科技股都是錯誤觀念。公司開開關關，1950 ～ 2009 年存在於美國市場的公司已經有 80% 在 2010 年前消失了。

每 10.5 年內，有 50% 公司會消失，如果相信選股，代表光選到不會倒的公司，機率只有 50% 以下，更遑論選到「飆股」的機率之低可想而知，因此存個股是劣勢策略。

分散投資，選整體市場就不會有這種風險。個股會消失，但市場不會。[27]

市場指數型 ETF 是分散風險的有效工具

要買齊市場所有資產非常困難，交易成本會太高。羅倫斯・費雪（Lawrence Fisher）和詹姆斯・羅利（James H Lorie）1970 年發表的文章探討投資組合中股票數量增加對投資組合風險的影響，也就是衡量報酬率波動率下降的效果。[28]

他們發現隨機選取一個包含三十二檔股票的投資組合，與整個紐約證券交易所股票組成的投資組合相比，已經可以將風險減少大約 95%。所以只要在投資組合放入五十至一百檔以上的資產或股票，僅存的大概就是無法分散的系統風險。一般市場指數型 ETF 幾乎都會有五十檔以上的資產，這時候的投資組合就已經非常有效率，再加入更多資產可以分散的風險十分有限。

這也就是為什麼從 1993 年美國第一檔市場投資組合 ETF 標準普爾 500ETF（交易所代碼：SPY）上市之後，就一直是世界上規模最大的 ETF，市場指數型的投資組合也迅速成為美國市場主流。

從學理來說，SPY 是非常接近市場投資組合的 ETF，是最有效率的投資組合。台灣市場第一檔大盤指數型 ETF「台灣 50 指數 ETF」（0050）2003 年上市之後，也一直是台灣市值最大的指數型 ETF。掛牌二十年累積總報酬率約 550%，換算年平均報酬率是 9.8%。買進之後不需要費心分析操作，只要時間過去就自然可以達成這樣的績效，是省時省力的投資方法。

第9堂 想要「高報酬、低風險」就長期投資吧！

　　我的學生一定看過下頁圖表7，這個圖顯示長期投資複利的威力。如果 1925 年投資 100 美元在美國小型股投資組合[29]，一直不賣，九十年後會成長為 460 萬美元，長期投資在 S&P500 市場指數的話，則會有 48 萬美元，這就是分散投資加上長期持有的驚人投資複利效果。

　　在台灣，政治大學周行一教授 2005 年發表的調查結果指出，60% 投資人表示來生不願再投資股市，這是因為大多數台灣人喜歡把股市當賭場，短線交易個股、頻繁進出市場，賠錢之後就認為股票投資都是騙局，但是這樣反而錯失長期投資資本市場帶來的豐厚回報。

時間有降低風險與複利的效果

　　很多人會說自己沒有九十年可以投資，而一般人通常有四十年可以投資，如果生不逢時，進場時機剛好不對，也可能遇到報酬率不好的期間。

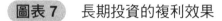

圖表 7 長期投資的複利效果

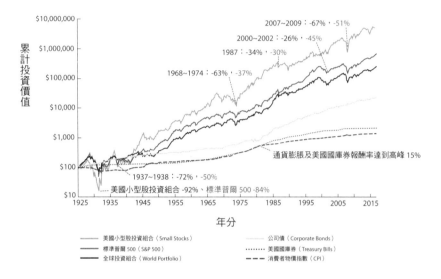

累計投資價值

2007~2009：-67%，-51%
2000~2002：-26%，-45%
1987：-34%，-30%
1968~1974：-63%，-37%

通貨膨脹及美國國庫券報酬率達到高峰15%

1937~1938：-72%，-50%
美國小型股投資組合 -92%、標準普爾 500 -84%

年分

美國小型股投資組合（Small Stocks）　　公司債（Corporate Bonds）
標準普爾 500（S&P 500）　　美國國庫券（Treasury Bills）
全球投資組合（World Portfolio）　　消費者物價指數（CPI）

資料來源：Jonathan Berk and Peter DeMarzo, *Corporate Finance: The Core*, 5th ed, 2019.

　　其實投資四十年後，投資市場指數報酬率仍不如無風險報酬率的機率只有 1.34%，但是如果因此改成在這四十年之間短線跑來跑去，你確定能夠賺到比市場報酬率更高的收益嗎？

　　前文已經討論過多數人短線交易很難獲得明顯的正報酬，就算你沒有九十年可以長期投資，但你的孩子和孫輩有更長的時間可以等待。全世界最富有的人，都不是靠勞力或短線當沖自己公司的股票來賺錢，絕大多數是靠著長期持有資產，然後傳承給後代，讓世代同享複利的威力。

　　只要簡單計算就可以了解複利的威力，以台灣股市過去二十年平均報酬率 9% 計算，期初投入 100 萬元，二十年後會成長為 560 萬元、三十年後 1,327 萬元，四十年後高達 3,141 萬元！

　　即使你無法一次投入 100 萬元，改成定期額投資，一個月只要投入 5,000 元就好。一樣以年平均報酬率 9% 計算，二十年後會成長為 322 萬元、三十年後是 858 萬元，四十年後是 2,126 萬元。

複利的速算法

　　如果你對複利的算法不熟悉，72 法則是個簡單的試算法。將 72 除以年報酬率，可以得出資產加倍需要幾年的時間。

　　以股市年報酬 9% 計算，72 / 9 = 8，也就是資產每八年會翻倍一次。所以投資 40 年，40 / 8 = 5，資產便會翻倍五次，成為 32 倍的金額（$32 = 2^5$）。以前文例子重新簡單試算，期初投入 100 萬元，四十年後大約會成長為 3,200 萬元，與前文精確計算的結果相差不遠。

　　不過要強調的是此為平均值，但四十年後達成的機率非常的高，因為你有三十至四十年可以等。

　　關於長期投資的風險，有個非常重要的觀念需要釐清。財務學所謂的高風險、高報酬，其中風險是指短期價格波動的風險，人都是風險趨避，為了讓投資人承受短期風險，資產必須

提供較高的報酬率，這個理論在前文已經討論過。然而長期投資的風險會隨著時間拉長而大幅下降，精確的說，風險會隨著時間開根號的速率下降。

我們以投資二十五年來說，風險會下降成投資一年風險的 20%（20% ＝ $1/\sqrt{25}$），投資四十年，風險會下降成投資一年風險的 15.8%（15.8% ＝ $1/\sqrt{40}$）。投資市場指數二十五年後，報酬仍不如無風險報酬的機率只有 4%；投資四十年後報酬仍不如無風險報酬的機率只有 1.3%，得到負報酬的機率只有 0.2%，你必須是超級天選之人才會這麼倒楣。

因此長期投資是高報酬、長期低風險的投資策略，但多數人投資股市時，卻深怕短期的市場波動與長期賠錢的微小機率，在股市殺進殺出短線操作，短線操作賠錢的機率是 99%，但多數短線投資人都深信自己運氣超好，是會賺錢那 1%。

永遠待在市場之中

有人認為我所謂的「長期投資」要持續持有資產三十年甚至四十年，時間實在太久，沒幾個人能真正做到，然而這又是個迷思。

想想你三十至四十年間不是仍然繼續投資嗎？拿來投資的閒錢因為短線投資暫時離開市場之後，還不是要找下個標的？除非你完全離開投資市場，要不然短線跑來跑去，其實也是在

長期投資，只是有時選擇繳出場費，在市場外觀望一下，然後
再擇時擇股繳入場費進場。

差異在於你短期進出是為了擇時擇股，想要買低賣高抓飆
股，但文獻一再證明這些交易策略沒什麼用，也許只是讓你有
事做，比較不會罹患失智症。

股市長期是上漲的，你離開市場時，錯失上漲的機率比避
開下跌的機率要高很多，短線交易還要承擔不斷進出場所產生
的證交稅和手續費，資金不斷遭到摩擦減損。

忽視短期波動，放眼長期

長期投資最需要克服的是人類遺傳下來的恐懼心態，每當
市場出現風吹草動，總有末世論者要你趕快離開市場，但市場
每次大幅修正後，都一路繼續往上漲。例如經濟大蕭條、二次
世界大戰、石油危機、兩伊戰爭、網路泡沫和次貸危機等，市
場歷經衝擊後，最終都會強力反彈。

長期投資最難以克服的心魔，便是一般人都會將注意力放
在微小的損失機率上，生怕賠錢。這符合展望理論說的，損失
帶來的痛苦程度是獲利帶來的快樂程度的 2 ～ 2.5 倍。沒人怕賺
錢，但大家都非常怕賠錢，不願意承擔任何風險，這使得許多
人因為過度在意短期波動，將大部分資產放在無風險的定存，
而錯失獲取市場長期豐厚報酬的機會。

　　不想承擔風險，又怎會獲得高報酬呢？這完全違反財務學基本原理的思維。

　　如果非常害怕損失，只願意將所有資金放在定存，以年利息 2% 計算，根據 72 法則要三十六年才能翻 1 倍（72 / 2 = 36），即使 100 萬元投資了四十年，也大約只會成長為 216 萬元，與 3,200 萬元相差近 15 倍。因此承擔高風險，是獲取高報酬的必要條件。

　　從 159 頁圖表 7 可以看到，如果從 1925 年投資 100 美元的小型股投資組合，很不幸只過了三年，就在 1928 年遇到美國歷史上著名的經濟大蕭條，結果小型股跌了 92%，原本投入的 100 美元只剩下 8 美元，就連市場大盤 S&P500 也跌了 72%。這時大概很多人都決定出場，但是你如果出場就再也不會回來了，而且很可能成為那 60% 來生不願再投資股市的一員。

　　假設你堅持不賣，到了 2015 年，最終價值會來到 463 萬美元。另一個重要觀察是，圖中很明確的顯示，短期價格波動愈大的資產，長期報酬愈高，但短期起伏基本上無法預測。如果投資在波動最低的無風險美國國庫券，九十年過去，100 美元只會成長為 2,043 美元。這完全符合財務學的高風險、高報酬理論。

股市實際報酬率高於理論值

　　美國經濟學家拉吉尼什‧梅赫拉（Rajnish Mehra）等人 1985

年發表的研究指出，股市長期平均報酬遠高於理論預測，他們稱為「股權溢酬之謎」。[30]

　　他們經過嚴謹推導，證明在合理風險趨避假設參數設定下，理論上股市相較於無風險報酬的年報酬率最多只能高出 0.35%，但是歷史上股市整體的年報酬率卻高出無風險報酬超過 6%，這在理論上非常不合理，他們甚至用「謎」來形容這個現象。

　　理性財務學對於股市的報酬為何會不合理的高過無風險報酬，到目前為止還沒有令人完全滿意的解釋。長期投資股市可以被視為在投資決策中，除了分散風險以外的第二個免費午餐。

　　然而行為財務學有個理論可以合理解釋這個現象。美國經濟學家薛洛姆・貝納茲（Shlomo Benartzi）等人於 1995 年提出，這個現象是由於「短視的損失趨避」所造成。[31]

　　短視是指過度關注當下的市場，這與前文討論過的時間扭曲效果有關，長期複利的報酬即使再高，也感覺是非常遙遠以後的事，但當下損失的感覺是立即而實在的。損失趨避是指同樣金額的利得及損失，損失帶來的感受更強烈。

　　因為投資人非常害怕股市短期波動，尤其害怕短期損失，因此過度的趨避損失，造成許多人不願意投資股市。當有許多人因為短視的損失趨避選擇不投資股市時，那麼整體股市現在的評價就會傾向被低估，但是當之後公司獲利超過現在股價隱含的價值時，未來股價往上漲的空間就會變大，而使得其長期

報酬遠遠超過理論所應有的合理報酬。

　　其實多數人都是為了退休而進行長期投資，只有在退休時，出現的虧損才是真正的虧損。但投資者會情不自禁的在期限結束前頻繁查看自己的投資組合，因為討厭看到虧損，因此不願意接受股票的短期下跌，即使短期虧損並不會對投資造成長期傷害。

除非世界末日，否則市場必定長期往上

　　此外，販賣恐懼和說故事本來就是金融業最擅長做的事情，否則市場怎麼會有交易量？有交易量就代表有各種手續費的收入。例如 2021 ～ 2023 年間最常被討論的，便是美國聯邦準備理事會的強硬升息措施，造成股市和債市一起震盪下跌。但是歷史上哪次影響市場的重大事件衝擊度不是至少跟升息一樣大，甚至更嚴重？

　　歷史明確告訴我們，股票市場是整體經濟成長的具體呈現。經濟長期正成長，市場長期也必定會上漲，沒有例外，過去如此，未來也是。一般分析師最喜歡告訴投資人的故事之一，便是「這次不同」，但除非世界毀滅，否則沒有哪次不同，市場長期必定往上走，持有資產的人沒有悲觀的理由。

　　很多人都聽說過巴菲特有 99% 的財富是五十歲以後累積的，這是個很好聽的故事。[32]

　　巴菲特於 1930 年出生，到 2023 年為九十三歲，所以他五十歲後仍然有超過四十年可以投資。一般人要如何和巴菲特一樣在五十歲後還能大量累積財富？

　　第一種方法是短進短出。

　　假設你有超強的擇時與選股能力，每天都能在收盤時買到隔天美國漲最多的股票，這已經是最完美的擇時和選股能力。從本金 1 萬美元開始，只要三十個交易日，你就會跟巴菲特一樣有錢，這比巴菲特還要厲害太多，但大概要上帝才能辦得到。[33]

　　第二種方法是長期投資，享受強大的複利效果。

　　根據前述的 72 法則，假設市場大盤每年平均報酬率 9%，資產每翻倍一次需要八年（＝ 72 / 9），巴菲特在 2023 年是九十三歲，93 － 50 ＝ 43，也就是巴菲特五十歲後到 2023 年有四十三年可以投資。他如果只投資市場指數，資產從五十歲到九十三歲可以翻 5.375 次（＝ 43 / 8），四十三年過去後，他的資產會成為 41.5 倍（＝ $2^{5.375}$）。

　　換言之，你也會有 97.6% 資產是在五十歲以後累積的（97.6% ＝（41.5 － 1）/ 41.5），所以你也可以做到和巴菲特一樣，在五十歲以後累積幾乎 99% 的資產。長期投資的高報酬、低風險特質，不是好聽的故事，是鐵的事實。

這些商品可以投資嗎？

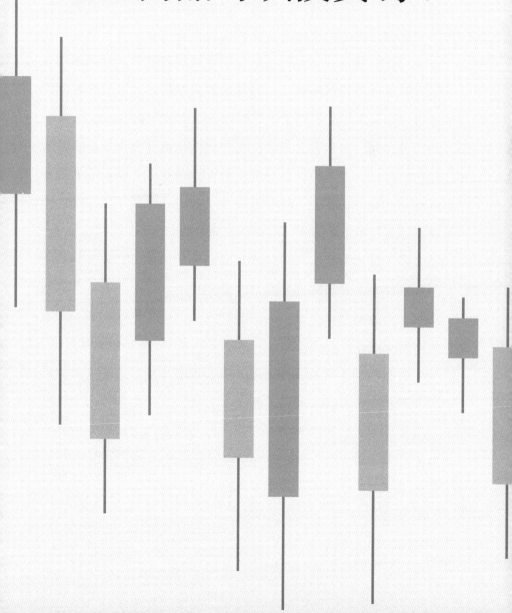

我們接著討論市面上常見的金融商品、虛擬資產及實質資產等，是否應該投資或何種狀況下才值得投資。我會先描述每個商品或資產的風險與報酬特質，然後應用前文說明的行為理論與心理偏誤，來解釋每個商品適合的投資對象及狀況。

　　請注意，雖然我會列舉一些自認為較適合長期分散投資的標的，但這裡不是要「報明牌」給大家。我常常說台灣的投資人非常可愛（搞笑），投資前通常只知道兩件事：股票代碼和親友推薦，然後就義無反顧投入金融市場。

　　本書著重於探討一般化的投資概念，而不是教你規劃投資組合，除非是任何人都不應該碰觸的商品，否則我無法非常明確指出是否應該投資某個商品和投資比例，畢竟投資前要考量個人財務條件、財務目標及風險承受能力，不能一概而論。

　　對於投資商品及各種資產有基本概念之後，我建議投資規劃前仍然要先諮詢「獨立」的專業人士，他們是與你完全沒有利害關係的人，獨立財務顧問不是想藉由推銷金融商品給你而從中獲利的人，我在這裡會特別說明其重要性。

第1堂　股票

　　股票和債券是金融市場最大宗的基礎金融商品，很多人的第一筆風險性投資通常是某家公司的股票。股票持有者就是公司股東，也就是法律上的公司擁有者，承擔公司經營成敗的最終結果。

　　股票被歸類為權益型金融資產，是一般人投資組合裡的重要資產之一，也是每個投資人都應該適當持有的資產。但我會說明投資股票時不應該以持有個股為主，而是主要投資於被動型的股票大盤指數型 ETF，並長期持有，獲取資產成長的長期複利效果。

短期股價無法預測

　　當投資初學者進入股票市場之後，發現股價上上下下的感覺非常刺激，尤其是價格上漲後賣出股票時落袋為安的美好感覺，常常讓人從此踏上短期股價預測之路。

　　然而，大量學術研究證據指出，短期個股的價格波動接近「隨機漫步」，就是股價短期波動無法預測，例如今天和昨天

的股價相關性非常低，而且下一步的漲跌基本上也沒有規律可循。如果市場有效率，股價反映的是所有可以取得的訊息，波動是因為新訊息來到市場，股價跟著產生變動，根據定義，新的訊息沒人能事先知道，除非你是先知。

早在 1970 年代，諾貝爾經濟學獎得主尤金・法馬及費雪・布雷克（Fischer Black）等一些非常知名的財務學者研究都指出，股價短期難以預測，所以技術分析策略中常見的濾嘴法則、道氏理論及價量關係等分析策略，能產生異常報酬的機率基本上是 0。

而研究公司基本面訊息，例如財務報表的基本分析策略，前文討論過預測的雜訊及無知，投資人得到的訊息或許部分有效、部分無效，但一般人無法分辨哪些有效、哪些無效，而文獻研究對於基本分析是否具有顯著獲利性也沒有一致結論。

很多人無法理解、甚至不願意相信短期股價無法預測。之前討論過喜歡預測是人類天性，這個特質和人類祖先在採集狩獵時代為了生存，必須根據外在訊號來隨時預測環境變化有關，所以股價無法預測這樣的結論非常違反人性。

單押個股，風險極高

綜前所論，股票和債券投資還是要回到被動投資、分散風險及資產配置等觀念。單押個股想獲取較高報酬的做法對沒有資訊

的投資人來說，是不明智的。

前文已經說明過，1950 ～ 2009 年存在於美國市場的 2.9 萬家公司，已經有 80% 在 2010 年前消失了。而且每 10.5 年內，有 50% 公司會消失，這就是公司的「半衰期」。[1]

選擇買進整體市場就可以分散只買單一公司卻遇到破產的風險。買進整體市場的所有股票，剛好就是把分散風險的觀念推演到極致的結果。既然要找到飆股難如大海撈針，為什麼不買下整個海（市場）就好了？

但是也有人問我，如果把市場整體指數買下來，要是指數裡有公司破產，不是面臨同樣風險嗎？確實任何公司都有破產風險，但分散投資的目的就是將這種風險對你投資組合的負面影響降到最低。[2]

而且物質不滅，金錢也不滅，破產公司的資產並不會憑空消失，除了可以重整後繼續營運，也可能被其他資產運用更有效率的公司吸收。因此分散投資仍然是最有效率的投資方式，而非單押某檔股票。

「存股」是一種誤導的觀念

之前提到台灣媒體很喜歡談論「存股」的觀念，一般投資人也因此認為存股，尤其是存現金股息穩定的金融股，便可以每年穩定收取現金股息。

　　「存股」是極端誤導的說法，個股風險很高，不適合拿來「存」。「存股」會讓一般投資人聽起來好像很安心，但是它和「存款」是完全不同的概念。存款會有一定金額的保障，也就是當金融機構倒閉，存戶可以拿回保障額度內的存款，但是當「存」的個股公司倒閉，投資人可能血本無歸。

　　我從來不鼓勵買個股，光是公司的個別風險，尤其金融股具有高槓桿的資本結構，只要一有系統性風險，就足以讓你的投資一夕歸零。

　　金融股的風險比想像的高太多了，根據金管會銀行局的統計資料指出，至 2024 年 5 月底止，台灣本國銀行的負債大約是93%，也就是銀行做生意的資金每 100 元只有 7 元是股東自己出資，其他 93 元都是借來的。[3]

　　銀行業的特性就是高槓桿，所以任何利率與匯率波動、市場流動性起伏、放款對象的信用風險改變和政府政策與國際關係的不確定性，都可能造成金融業極大的潛在經營風險。

　　美國矽谷銀行破產案就是絕佳例子，2023 年 3 月遭遇大量存戶擠兌後宣布倒閉，這是 2008 年金融海嘯後的第二大銀行倒閉案，也是美國歷史上第三大銀行倒閉案。此外，瑞士信貸因為財務危機造成股價大量下跌，於 2023 年 6 月被瑞士銀行收購。

　　這些事件都造成股東大量財富損失，但台灣很多媒體和「投資達人」卻一直鼓吹「存」金融股。

投資單一產業，高風險、低報酬

　　從實際報酬率來計算，以 0050 與 0055（台灣金融股指數型 ETF）為例，計算兩檔 ETF 同時存在期間（2007 年 7 月 4 日〜 2023 年 12 月 31 日）的總報酬率（資本利得加股息再投資），整體市場指數型 ETF 0050 為 245.33%（年化報酬率 7.94%），金融股指數型 ETF 0055 為 129.31%（年化報酬率 5.25%）。[4]

　　存金融股讓你近 15.5 年的時間共損失約 116% 的報酬，這也再次證明分散的整體市場指數才是較好的投資選擇。

　　你可能會問風險呢？ 0050 報酬率比 0055 高，是不是整體風險比較高？台灣很多人說金融股比較穩健，但答案正好相反，0050 這段期間的每年風險（報酬的波動率）是 19.79%，0055 是 22.42%，0050 風險較低，但報酬卻較高。

　　這看似很奇怪，前文提過風險與報酬應該是正相關，金融股 ETF 沒有其他產業的成分股，造成分散不足，殘留許多獨立風險（可分散風險），造成其風險較高但報酬較低。

　　這正好驗證之前說明的，投資組合必須分散到涵蓋整個市場，才能真的只剩下應該承擔的不可分散風險，並獲得較好的報酬。

　　所以你仍然認為投資「配息穩定」的金融股是好策略嗎？

注意！市場指數型 ETF 才能分散投資

　　一般投資人資金有限，要買齊市場所有個股是不可能的任務，速度最快、成本最低的方式即買進市場大盤指數型 ETF，亦即股票資產配置應以「市場大盤指數原型 ETF」為主。

　　原型 ETF 是指實際持有追蹤指數組成的成分股之 ETF。台灣證券交易所對 ETF 的定義是：「ETF 英文原文為 Exchange Traded Fund，中文稱為『指數股票型基金』，是由投信公司發行，追蹤、模擬或複製標的指數之績效表現，在證券交易所上市交易的開放式基金。」[5]

　　或許是 ETF 中文名稱被訂為「指數股票型基金」，而且在股市掛牌交易，所以很多投資人誤認為買進 ETF 就是間接購入一籃子股票。然而，現在 ETF 已經被玩到「出神入化」，除了持有指數成分股的股票指數原型 ETF，還有持有債券的債券指數原型 ETF，這已經不是股票。

　　更有趣的是，現在還有槓桿型及反向型 ETF，也就是把指數的報酬放大 2 倍或反轉過來。另外還有原型期貨 ETF，以及槓桿型和反向型期貨 ETF。

　　除了股票指數原型與債券指數原型 ETF，其他 ETF 都不是單純股票或債券投資組合，已經是期貨和選擇權類的衍生性商品，短期價格會有極大波動，不適合長期投資，只適合「有資訊的交易人」做短期策略交易。關於是否應該投資這些衍生型

ETF，後文會有詳細討論。

市場指數型 ETF 分散程度高、價格有效率

　　就財務理論的概念，市場大盤指數是按市值比例買下所有股票後的投資組合，實行這種投資策略的交易成本很高。不過如前文說明，只要分散到五十至一百檔股票組成的投資組合，投資報酬和整體大盤的相關性就會很高。例如直到 2023 年底，台灣整體市場加權指數與 0050 報酬率的相關係數達 94.59%。

　　美國 S&P 500 指數及其相關 ETF，例如 SPY、VOO 及 IVV，只包含美國股市市值最大的前五百檔股票；台灣 50 指數及其相關 ETF，例如 0050 及 006208，也只包含台灣股市市值最大的前五十檔股票。這些標的是我常常建議的股票 ETF，只要投資這些 ETF，就幾乎達成理論上的股市最佳整體市場分散策略。

　　我推薦投資原型 ETF 另一個重要原因，是這些 ETF 都有「實物申購贖回」機制。ETF 發行人每天都會公布實物申購買回清單及實物申購買回基數，申購買回時只能以此基數或其整數倍進行。

　　以元大投信公布的 0050 申購買回清單為例，你可以買進五百張之後，請投信公司將這五百張 ETF 代表的股票還給你。也可以反過來，買齊五百張 ETF 代表的股票之後，向投信公司換回五百張 ETF。

買齊五百張0050需要大筆資金，所以一般投資人難以做到，但市場上有法人隨時盯著股價與 ETF 的價差，過大時便有利可圖，法人可以經由實物申購贖回機制，利用 ETF 成分股及價差來套利。正因為這個套利機制，讓 ETF 的淨值和股價能夠維持在非常接近的範圍，也就是 ETF 的溢價和折價可以因此縮小。

美國的原型 ETF 也都會有類似的實物申購贖回機制，來確保原型 ETF 價格不會產生大幅折溢價。

用市場指數型 ETF 買下全世界

如果你想更進一步達到在單一市場完全分散，甚至在全世界完全分散，也都找得到相對應的 ETF。在本書寫成當下，最分散的全美國股票市場 ETF 是 VTI 及 ITOT，最分散的全台灣股票市場 ETF 則是 006204。

如果要達到全球股市分散，則可以投資在美國市場掛牌、追蹤全球超過九千檔股票的 MSCI 全球指數型 ETF——VT。至於應該買哪些 ETF 比較有利？取決於個人的風險承擔能力、現金流入與流出的貨幣別，以及資產配置的整體規劃。

後文會進一步說明資產配置相關細節。

第2堂 債券

債券是投資組合中另一個重要金融商品，持有者就是借錢給公司支應其營運活動的人，也就是公司的債權人。債券持有者可以定期收取利息（金額根據合約而定，也可能為 0），債券到期時可以將本金收回。

將一部分資金投資在債券上，比單純只投資股票更能分散風險。但後文會說明仍應避免投資個別公司的債券，要以債券指數原型 ETF 為主。

債券風險比你想像的要高

公司把債務切分成規格一致的債務憑證，讓投資人可以在債券市場買賣，這樣的債務憑證就是債券。債券有到期日，在公司沒有違約的狀況下，公司將於約定時間支付固定利息，且在到期時歸還本金。

由於前述特質，債券也常常被稱為固定收益證券（指定期領取固定的利息），但「固定收益」這個名詞容易造成誤導，讓很多人認為債券風險不高，但這是錯誤觀念。

　　除了接近完全無風險的美國政府公債（因為美國政府應該不會違約不支付利息），債券風險比一般人想像的要高不少，尤其到期日愈長，風險愈高。公司債風險並不低，即使美國政府以外其他國家發行的債券風險也不低。

　　債券風險來源主要有利率波動風險、發行人信用風險及市場流動性風險。債券價格是將未來預期的現金流入用現在的利率折現後得出的結果，所謂折現是將未來現金流量除以利率，讓現金具有跨期比較性與可相加性。在沒有違約的狀況下，由於債券未來的現金流入皆為事先設定好的，所以債券價格與市場利率呈反向關係。因為如果利率上升（下跌），在現金流入固定的狀況下，折現後的債券價格便會下跌（上升）。

　　債券到期日愈長，折現的期間也愈長，所以債券價格很容易受到利率變動的影響，另外付息率愈低的債券對利率變動也愈敏感。發行人信用也會影響債券風險，所以公司債風險一般比政府債高，信用差的公司發行的債券風險也比較高。當公司破產時，雖然債權人有優先受償權，但通常破產程序曠日廢時，也不確定能拿回多少本金。

　　基於前面的討論，你還會認為債券風險一定很低嗎？

會受聯準會利率政策的影響

　　由於利率是影響債券價格的重要因素，於是投資人投資

債券的思考邏輯和預測股價一樣，也非常喜歡猜測利率走勢。2022 年 3 月，由於 COVID-19 疫情趨緩且美國國內通貨膨脹率居高不下，美國聯準會宣布將聯邦資金利率從 0.08% 調高到 0.33%，也就是調升 1 碼（0.25%），這打破了聯準會從 2008 ～ 2021 年十多年間一直維持的零利率政策目標。

聯邦資金利率是指存款機構（銀行和信用合作社）在無擔保狀況下，向其他存款機構出借隔夜準備金餘額的利率，通稱金融機構隔夜拆借利率，即銀行間的極短期借貸利率，由聯準會決定。

聯準會透過訂定存款機構互相借貸的成本，影響金融機構資金成本，進而影響存款機構對一般客戶存貸款利率。

聯邦資金利率之後一路迅速調高到 2023 年初的 4.33%，再到 2023 年 7 月的 5.33%，這個利率一直維持到 2023 年底。[6] 由於聯準會真正升息之前，市場已經有所預期，因此 2021 年債券價格便已開始下跌。

由於升息速度很快且幅度非常大，與過去 2008 ～ 2021 年聯準會維持的零利率政策大相逕庭，許多人早早預測利率已到高點，因為連「無風險」的美國國庫券利率都可以達到 4 ～ 5% 的報酬，這是過去十多年想不到的，大家便不斷猜測這麼高的利率應該不會持續太久，聯準會很快就要降息了。

約 2022 年第 4 季～ 2023 年整年，台灣媒體一窩蜂討論投

資美國政府與公司債券，尤其鼓吹投資對利率更敏感的長期債券，不只可以收到高配息，還可以享受預期未來聯準會降息時，債券價格大幅上升的資本利得，一箭雙鵰。

超好聽的故事，對吧？

聯準會的利率政策難以猜測

從 2022 年 3 月開始升息，到 8 月 1 日聯邦資金目標利率迅速達到 2.5%，就有許多人猜測利率要開始下降了。我從 2022 年 8 月 1 日計算到 2023 年 12 月 31 日，這段期間美國二十年以上公債 ETF（TLT）總報酬是 -10.58%、七至十年期美國公債 ETF（IEF）總報酬是 -1.98%。

如果你預測利率快要下降而一路買進債券，會一路攤平，愈攤愈平。聯準會的降息時間及策略如果這麼好猜，就不能稱為聯準會了。

聯準會公告要調整聯邦基準利率時，市場債券價格反應的是市場原先沒有預期到的訊息，也就是「預期外」的利率漲跌，而非市場原先就知道的「預期內」改變，因此任何預期內的改變都早已反映於價格中。

例如大家在 2021 年就可以稍微預測到 2022 年聯準會很可能會升息，所以早在 2022 年真正升息之前，債券價格就開始下跌了。不是預測到利率走勢就一定能賺錢，還要有能力預測大

家「沒有預期到」的聯準會決策方向，你真的覺得這很簡單嗎？

短期與長期利率的走勢不一定完全相同

　　大家應該都聽過殖利率曲線，常見的狀況是長期債券的年化報酬率高於短期債券，如圖表 8。

　　聯準會能影響的是極短期聯邦資金利率，學術研究發現，短期利率和長期利率之間沒有必然關係。也就是即使短期利率上升，長期利率也並未必會跟著上升。

　　2023 年底美國國庫券殖利率曲線就是很好的例子，下頁圖表 9 顯示最短期的債券年利率（5.6%），超過最長期債券的年

圖表 8　　債券到期期間與債券殖利率關係圖

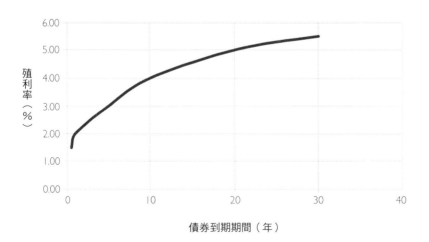

利率（4.03%），這就是殖利率曲線倒掛。[7]

這張圖顯示聯準會一路升息的效果集中反映在短期債券利率，長期債券的利率升幅相對較低，證實短期和長期債券利率的變化非完全正相關。

想預測到長期債券的價格走勢，除了要能精準預測聯準會短期利率政策走勢的意外程度，還要確認短期和長期債券利率在你預測期間具有高度相關性。這就像賭博時，得連兩關都賭對才能贏得彩金，難度不是乘以 2 倍而已，而是兩個機率相乘，

圖表 9　2023 年底美國國庫券殖利率曲線

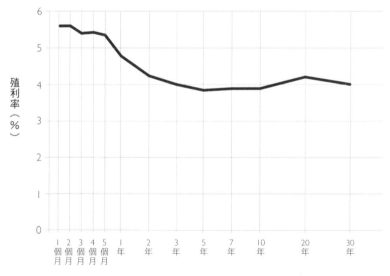

債券到期期間

困難度是指數成長，不是倍數成長。

現在你還覺得預測債券價格很簡單嗎？

短期債券利率比較高，
那買長期債券的都是傻瓜嗎？

另一個衍生的問題是當殖利率曲線倒掛，短期債券利率比長期債券高，就應該只買短期債券，不要碰長期債券，這道理「很簡單」吧？投資人其實可以持續投資短期債券，也就是當短期債券到期後，拿回本金再投入短期債券，而不是投資長期債券，是直接鎖住長期固定利率。

如果預期短期債券報酬率會持續很高，投資短期債券到期後再轉買下個短期債券聽起來是很好的策略。但如果這種策略一定比一次投資長期債券來得好，為何會有人傻到買進報酬率較低的長期債券呢？

長期債券較低的利率，依然是市場的決定，可以說是市場全靠投資人共同決定出的結果。難道真的只有你最聰明，知道在殖利率曲線倒掛時投資短期債券，其他人都是傻瓜，竟然去買長期債券？

當然不是，長期債券之所以現在的報酬率低，是因為大家預期未來短期債券利率會下跌，許多人願意接受當下比較低的長期債券利率，鎖住確定的長期報酬率，規避未來短期債券利

率下跌的可能。

　　這再次證明，簡單直覺的故事通常與需要深入思考的理論概念相左。

債券投資用以資產配置，而非猜測利率走勢

　　既然我說不要猜測何時該進場買債券，那要怎麼投資債券呢？最好的方法是定期定額投入債券市場，要是某個到期期間的債券利率符合預期，也可以再多投入單筆資金到債券市場進行資產配置，藉由投資債券進一步降低風險。

　　根據學術研究，股票與債券的歷史相關性不高。梅根・卡索尼斯（Megan Czasonis）等人 2021 年指出股票與債券的相關係數，以 1926 年 1 月～ 2019 年 11 月的資料估計，一個月期、一年期、三年期和五年期債券與股市的相關性分別是 0.07、0.11、0.17 及 0.21。[8]

　　債券到期期間愈長、報酬風險理應愈大，與股票報酬的相關性也愈高。因此從這個研究得到另一個重要觀察是，債券與股票的歷史相關性不高，有助於分散單純投資股票的風險，因此較佳的投資策略是分散資產配置在股票與債券，並持續長期持有、被動投資。

　　股票和債券適當配置有助於降低風險，同時提高投資組合的長期報酬。

避免投資個別公司債券

如何選擇債券投資標的呢？我推薦債券相關的 ETF，個別公司債因為公司倒閉或違約風險極高，並不推薦。舉例來說，台灣的市場一直偏好「高收益」債，而高收益債之所以「高收益」，是因為個別公司或國外政府借款不易，願意付出高額約定利息給投資人。

高收益債違約風險高，假設高收益債和無風險債給予投資人的「契約表訂」現金流入相同，但是投資人會因為高收益債的風險高給予較高的折價，造成其價格較無風險債低，因此其「表訂」報酬也就是殖利率自然較高。

簡而言之，高收益債因為價格低，所以其「表訂」報酬會比相同現金流入的無風險債高很多。

但除了無風險的美國政府債一定會償還約定的現金，任何有風險的債券「表訂」和「實際」報酬是不一樣的概念，也就是除非這些高風險的公司未來「完全不會」違約，否則你的實際報酬「一定」會比表訂報酬低。你覺得發行高收益債的「高風險」公司未來完全不會違約嗎？

高收益債的「高收益」是指「表訂」報酬，不等於未來「實際」報酬，高收益債常常被稱為垃圾債，但賣這種債券的人肯定不會跟你說。

可以投資高收益債嗎？你得想清楚，願意承擔較高風險就

投資，但千萬不要以為不需承擔風險就能獲得高收益。物質不
滅、金錢不滅，唯有充實金融常識，不要過度自信胡亂猜測市
場短進短出，長期投資才不會讓你辛苦賺來的錢變成別人輕易
收割的韭菜。

投資債券 ETF 的注意事項

　　符合前文投資邏輯，國內掛牌的債券 ETF 有「元大 AAA 至
A 公司債」（00751B），追蹤彭博美國二十年期以上 AAA-A 公
司債流動性指數，季配息。主要資產為投資等級的長期公司債，
信用風險較低，但長期債券利率風險相對較高。

　　另外一檔是「富邦美債 1-3」（00694B），投資美國政府債
券一至三年期，季配息，沒有信用風險，利率風險低。第三檔
是「元大美債 20 年」（00679B），追蹤美國洲際交易所（ICE）
美國二十年期以上的政府債指數，季配息，沒有信用風險，但
是債券存續期間長，利率風險相對較高。

　　此外，投資海外債券 ETF 屬於海外所得，每年有 670 萬元
的免稅額，也無需繳交 2.11% 的健保補充保費，在稅負上有很
好的優勢。

　　特別提醒台灣的海外債券 ETF 溢折價問題，由於台灣本地
的債券市場很小，所以前文提到的雖然是國內發行掛牌交易之
債券 ETF，但都是連結到國外債券指數的標的。這些原型債券

ETF 因為台灣有外匯管制，投信公司必須向金管會申請募集額度並取得央行同意後，才能發行連接到外國市場指數的 ETF。

若某檔 ETF 很熱門，原來申請的額度很容易賣完，如果市場需求還是很強勁，可能持續出現大幅溢價的情形。這時投資人要避免購買溢價的 ETF，因為新的 ETF 增發額度核准時，ETF 的溢價便會迅速收斂消失，投資人必須承擔無謂的損失。

ETF 溢價與折價的資訊在台灣證券交易所和投信公司網站非常容易找到，建議投資前務必查詢折溢價狀況。

符合前文投資邏輯在美國市場掛牌的債券 ETF 有 BND，追蹤美國整體債市表現，主要是以美國政府債及投資等級公司債為主。

第二檔為 BNDX，追蹤除了美國以外的全球債市總體表現，主要投資在非美國公司的投資等級債券。

第三檔為 BNDW，這是把 BND 和 BNDX 組合起來的債券 ETF，可以一次買齊全世界具有代表性的政府以及投資等級公司債。

這些債券 ETF 都是非常分散的標的，但仍然要強調本書不是投資工具書，雖然後文會說明資產配置基本概念，也就是如何將資金分配在不同標的，但每個人財務狀況不同，建議諮詢獨立財務顧問獲得更詳細的資產配置建議。

第 3 堂　主題式基金與 ETF

前文談過人類的故事腦，講數據不好懂，但講好聽的故事比較能影響別人。動聽的敘事性故事（題材）總是比統計數據更能打動人心，所以宗教、文學與藝術深深影響人類文明。

主題式基金與 ETF 抓住的便是這種人類行為的弱點，而且都帶有讓投資人希望一夜致富的妄想 DNA，然而在下投資決策時，再多敘事性故事也未必能為你帶來比較好的收益，客觀事實勝過一切。

我認為，除了市場指數型基金及市場指數型 ETF，其他基金與 ETF 都是主題式金融商品，例如單一國家型、區域型、產業型、平衡型、收益型和資本成長型等，皆屬於廣義的主題式基金。

主動型基金表現不佳

市場報酬就是所有資產的平均報酬，所以一般人通常會認為任何主動型主題基金或 ETF 至少有 50% 的機率能打敗市場平均報酬。然而，眾多學術研究發現，能「持續打敗」市場指數

的共同基金及 ETF 寥寥可數。

　　當然，每年都有一些基金可以打敗市場，但重點是要能夠持續打敗大盤才有意義，不然投資大盤指數相關的金融商品被動投資就好了。況且雖然每年都有基金會打敗大盤，但是你要能夠知道哪些基金之後會打敗大盤，並且事先買進，這便是前文討論過的後見之明謬誤，基本上是不可行的策略。

　　米格爾‧費雷拉（Miguel A. Ferreira）等人 2013 年發表的研究指出，包含台灣在內二十七個國家的 16,316 檔主動型基金表現都比所在國家的市場平均差。[9]

　　馬克‧卡哈特（Mark Carhart）2012 年發表的研究發現，共同基金的長期表現並沒有任何持續性，就算某些基金的短期表現似乎具有持續性，但也都是來自於運氣，而非基金經理人具有較好的選股能力或分析技術。[10]

　　此外，根據《紐約時報》2022 年的報導，要持續並有規律的打敗股票或債券市場指數非常困難。[11] 標準普爾道瓊指數公司（S&P Dow Jones Indices）對主動型基金的研究發現，2017 ～ 2021 年沒有「任何」主動型股票或債券基金能夠每年都打敗相對應的市場指數報酬，主要原因是主動型基金的高額手續費。

　　研究也發現，在研究樣本中的 2,132 檔股票基金，只有 1% 績效表現可以每年保持在前 50%。一般投資人會以為讓專業人士幫忙操作應該是更好的投資方法，但證據一再顯示並非如此。

「破壞性創新」基金中聽不中用

不同時間會出現不同的好聽主題。2014 年，凱薩琳・伍德
（Catherine D. Wood）在美國創立資產管理公司方舟投資（ARK
Investment Management）。

她的投資理念與許多被動式投資的傳統指數型 ETF 非常不
同，方舟投資專注於具有「破壞性創新」潛力的科技股，也就
是用最新科技或技術創造出完全新穎的商業模式，來與舊公司
競爭甚至取而代之的創新公司。

方舟投資專注於主動型 ETF，基金管理者不以追蹤指數報
酬為目標，而是根據主觀判斷，在基金的預設投資理念與目標
架構下主動選股。

2014 年 9 月和 10 月方舟投資首度推出主動型 ETF：下一代
網路 ETF（ARKW）、自動技術與機器人 ETF（ARKQ）、創新
ETF（ARKK）和生物基因革新 ETF（ARKG），2019 年推出金
融科技創新 ETF（ARKF），之後更於 2021 年推出太空探索與創
新 ETF（ARKX）。

光從這些引人注目的名字，就可以想像帶有非常好聽的故
事與主題，一般投資人喜歡聽故事勝於冰冷數字，於是很容易
買單，十分願意投入這些感到希望無窮的基金。

投資這些主動型主題基金的「客觀報酬」到底好不好呢？
以 ARKK 為例，從 2014 年 11 月 3 日掛牌到 2023 年 12 月 31 日，

總報酬率 184.75%、年化報酬率 12.02%、年化波動率 37.72%，而同一時間 SPY 總報酬率是 178.37%、年化報酬率 11.75%、年化波動率 17.93%。

也就是此一期間 ARKK 與整體市場的報酬相當，但風險卻是市場的 2 倍以上。一定有人會說這樣比較「不公平」，ARKK 具有爆發性，只要找對時間點進出，最高報酬會遠超過市場。

從這個角度來計算 ARKK 及 SPY 的最高與最低報酬率，ARKK 是 737.42%、-25.86%，SPY 是 179.17%、-6.99%。[12] 如果你抓得到 ARKK 的最高點然後順勢出場，確實會有大幅超過市場的豐厚報酬。但是財務學術文獻發現，連法人都沒有這種擇時進出市場的能力，何況是散戶？

或許你「剛好」有親朋好友因此賺到錢，或「聽過」有人在 ARKK 高價時出脫大賺一筆，但你覺得這是普遍現象或只是特例？畢竟拿到一般報酬的人比較多，只有賺大錢的人才會特別喜歡跟別人說，這就是選擇性偏誤的好例子。

而且會短線交易的人通常有賭徒性格，不會賺了就收手，長期來來回回賺到的也就是平均報酬而已，況且還要扣掉手續費和稅金，報酬率一定低於長期持有。

主題式 ETF 好聽但沒意義

除了共同基金，美國市場有許多主題式 ETF 名稱都非常吸

晴，通常是抓住上市當時投資風潮趁勢推出的話題性 ETF，沒有太多理論基礎做為發行後盾。

FOMO ETF 是個有趣例子，FOMO 是「Fear of Missing Out」的縮寫，中文譯為「錯失恐懼症」，意思是擔心自己不知道或錯過某些讓生活變更好的資訊、事件、體驗或決策，也就是怕輸、怕沒跟上潮流。

這個 ETF 根據熱門話題做出買賣決策，每週調整投資組合，主要投資在跟市場熱門主題相關或散戶關注度較高的股票，持有許多新興行業與中小型公司股票。

這是標準的說故事投資，沒有任何學理基礎。FOMO ETF 從 2021 年 5 月掛牌到 2023 年 1 月因資產規模不足下市，這段期間總報酬率 -32.78%、年化波動率 13.48%，同期間 SPY 總報酬率 -1.68%、年化波動率 20.32%。[13]

BUZZ ETF 這個 ETF 也很有趣，BUZZ 的意思是充滿興奮和活力的氣氛，這個 ETF 的投資策略是從線上資料庫找出並投資受到最多「正面關注」的美國普通股，線上資訊來源包含社群媒體、新聞文章、部落格貼文及其他替代資料庫。

BOZZ ETF 從 2021 年 3 月 5 日掛牌到 2023 年 12 月 31 日，總報酬率 -20.07%、年化波動率 36.70%，同期間 SPY 總報酬率 29.53%、年化波動率 19.22%。[14] 買這個追逐熱門股的 BUZZ ETF 要承擔比較高的波動率，報酬率卻比整體市場低很多，到底是

為了什麼？

「迷因」ETF 的表現也很迷因

　　MEME ETF 是我覺得最有趣、最搞笑的 ETF，MEME 通常翻譯為「迷因」，《牛津字典》的解釋是，突然被網路使用者迅速複製、廣泛傳播且通常帶有幽默搞笑性質的圖片、影片或文字等。忽然流行的原因並不清楚，所以稱為迷因。

　　MEME ETF 追蹤投資的「迷因股票」是網路社群廣泛討論的股票，也就是具流行話題的股票，常常被大量放空，而這兩者都是市場情緒的指標。

　　MEME ETF 從 2021 年 12 月 8 日掛牌到 2023 年 12 月 12 日投資人興趣減退，導致資產規模不足下市的這段期間，總報酬率 -46.87%、年化波動率 51.79%，同期間 SPY 總報酬率 1.92%、年化波動率 19.47%。

　　很諷刺的是，這檔 ETF 主要是跟隨投資者情緒來選擇股票標的，但下市也是因為投資者對其興趣減退，確實是檔非常搞笑的迷因產品。再次證明好聽的故事沒有用。

主題式 ETF 缺乏學理支持

　　台灣也有許多主題式或策略型 ETF，但有些抓住熱門議題的 ETF 掛牌一陣子就下市了，例如元大台商 50（0054）、富邦

發達（0058）和新光內需收益（00742）等。

　　最有趣的例子是元宇宙（Metaverse），2021 年因為疫情人們長期被關在家裡，元宇宙的虛擬世界忽然成為熱門話題。元宇宙是個定義廣泛的術語，指 3D 虛擬世界，代表用戶的虛擬化身會在此進行互動。

　　大華銀投信公司趁著元宇宙熱潮，2022 年 5 月 17 日推出大華元宇宙科技 50 ETF（00906），結果才經過一年多，2023 年 7 月 6 日就因資產規模及受益人數不足申請下市。

　　某個期間的熱門話題也會造成 ETF 價格失真，前述 0054 在 2022 年 5 月 27 日下市，因為各種政治及經濟因素，台商已經慢慢從中國大陸轉移生產陣地到東南亞，之後跟著崛起的熱門投資市場，便是越南。

　　2021 年 4 月 19 日富邦越南 ETF（00885）掛牌上市首日價量齊揚，大量投資人買進，股價大漲 18.22%，溢價達 17.6%，幾乎是台灣股市年平均報酬率的 2 倍，當時創下台股 ETF 上市溢價紀錄，發行人富邦投信還特別呼籲投資人留意風險。[15]

　　這明顯不合理，但是因為連結到海外股市 ETF 涉及外匯，發行額度必須經過中央銀行及金管會核准，在供給無法立刻增加而投資人需求過高的時候，便產生大幅溢價。這時候買進00885 等於是白白浪費 17.6% 本金，因為等到增發額度掛牌的時候，溢價必然會收斂。

　　00885 從 2021 年 4 月 19 日掛牌到 2023 年 12 月 31 日，總報酬率 -34.34%、年化波動率 19.89%，同期間 0050 總報酬率 4.84%、年化波動率 17.98%。[16]

主題式基金說得一嘴好故事

　　金融業在某種程度上是靠賣故事賺錢的，如果沒有根據市場最新趨勢說出新的動聽故事來吸引投資人，要怎麼讓投資人買單並持續市場交易動能呢？

　　其實我不完全反對購買主題式基金或 ETF，只是買進時要「明確」知道這是審慎研究後，在與市場相同、甚至更低風險之下，能帶來較高報酬的策略，而非聽理財專員或朋友講幾個好聽故事就輕易買單。

　　但這很困難，動聽的故事總是比統計數據更能打動人心，重複一遍我在前文提過的：「機率是數學，不好理解；但感到幸運比較像魔術，很容易催眠人。」

第 4 堂　高股息及高收益商品

　　散戶投資人喜歡高股息或高收益金融商品是全球性現象，不是台灣投資人獨有的迷思，投資標的配發現金收益時，投資人會非常「有感」，畢竟是實實在在的真金白銀。

　　相較於股票、債券、選擇權和期貨等每天本金大幅震盪、搞不清楚到底有沒有「賺到錢」的金融商品，投資高股息或高收益金融商品能收到現金的感覺真是太美妙了。這正是心理偏誤的具體呈現，為什麼一定要拿到現金才是有賺錢，難道股票和債券帳戶裡還沒變現的錢不是錢嗎？

　　高股息只是好聽的故事，對長期資產增長具有決定性的負面影響，投資金融商品需要看總報酬率，也就是資產價格上漲（下跌）的資本利得（損失）率及資產配發的現金收益。

　　例如，投資股票如果過去一年股價上漲（下跌）且配發現金股息，投資人獲得的總報酬率就是股票價格上漲（下跌）比例再加上股息收益率。投資債券獲得的總報酬率也是債券價格變化比例，再加上利息收益率。投資不動產的總報酬率是房子或土地價格變化比例，再加上租金收益率。

配息只是將錢從左手轉右手

喜歡收現金的迷思很容易打破，物理學有質量守恆定律，物質不會平白消失，也不會無故多出來，引申到財務領域我稱之「金錢不滅」定律。

配息的錢最終仍來自資產的價值，也就是左手轉右手，資產總價值不會因為配息無故增加。假設你以 100 元購買某金融資產（股票、債券、ETF 或基金等），一年後資產價值上漲到 110 元，若此金融資產決定不配發任何現金，你的總資產價值就是 110 元。

如果這個金融資產決定配發 10 元現金（股息或利息），在完美市場假設下（也就是沒有稅金、行政費及手續費），你的總資產會是 100 元的金融資產價值加上 10 元現金，仍然是 110 元，資產配息就是把自己的錢從左手轉到右手。[17]

為什麼資產價值會下跌？如果不會因為配息下跌而維持在 110 元，任何人配息前一刻用 110 元買進，配息後拿到 10 元現金再馬上用「不會下跌」的 110 元賣出，不就立刻白白賺到 10 元了嗎？如果賺錢這麼容易，還需要工作嗎？

這就是「金錢不滅」定律，也就是財務學術文獻中早被確認的「股利無關論」，在完美的市場假設下，公司是否發股利不會影響公司價值。

理論是正確的，但喜歡「確定的已實現現金」勝過「不確

定的未實現資本利得」的心理偏誤，亦即一鳥在手（現金收益）勝過二鳥在林（未實現資本利得）的心態，造成國內外各種高配息金融商品雖然績效不彰，但仍持續受到散戶追捧的現象。

期待填息是痴心妄想

我在各種場合講解這些觀念時，常常有人說如果股票會「填息」，配發現金還是真的有賺到。「填息」是除息後資產價格雖然下跌，但除息一段時間後便漲回除息前的價格，這樣就等於賺到現金配息了。

這又是超好聽、但一點根據都沒有的故事，然而台灣媒體非常喜歡探討填息，常常若有其事的在除息旺季時，用大版面分析股票配息之後，填息幅度及需要的時間，這比較像娛樂新聞，和財務分析毫無關係。

請仔細思考一下，不會有除息之後必然填息這種事。回到金錢不滅定律，如果除息後必然迅速填息，只要在除息前買進，收到現金股息後等股票「填息」再賣出，不就又是必然賺到現金配息且資本永遠不會損失的好聽故事而已嗎？

那為什麼多數人都還在努力上班，而不是在股市裡輕鬆淘金（股息）？所以股票除息後的漲跌與除息毫無關係，幾天會填息完畢更是沒有半點理論基礎。發放現金股息不會創造價值，除息後的股價漲跌只會跟公司基本面價值改變有關。

填息恰巧是將資產賣在低點

再進一步說，如果真的填息，收到配息時恰好是你被迫在低點時出脫股票。假設你以 100 元購買某檔股票，一年後股票價值上漲到 110 元，公司決定配發 10 元現金，股票價值會剩下 100 元，你的總資產會是股票 100 元加現金 10 元，總共 110 元。

要是神奇的填息事件發生了，填息的 10% 漲幅讓股票價值回到 110 元，配息 10 元現金就是「多賺的」，你現在總共有 120 元的股票加現金。但如果不配息，股票價值會是 110 元，10% 漲幅會讓你總共有 121 元的股票，這樣配息到底哪裡好？

收到現金配息後如果真的填息，其實都比不配息時少賺了。為何如此？因為配息就是定期把錢退出市場，在市場長期上漲機率大於下跌機率的狀況下，平白失去貨幣時間價值的報酬。

配息課稅造成資產價值減損

前文說明是建立在沒有稅負和交易手續費的完美市場假設，就可以得出配息與否不會對總資產價值有影響的結論。台灣目前未對證券交易所得課稅，買賣股票、基金或 ETF 等有價證券賺到的資本利得都不用繳稅，但股息和利息視為一般所得，依個人邊際稅率課稅。[18]

自行買賣有價證券的資本利得免稅，現金股息和利息需要繳稅，因此買賣有價證券具有很大的稅負優勢，在股息和利息

有這麼明確的稅負劣勢之下，我不明白為何散戶要一味追求高配息商品。

前文解釋過了，資產配息就是把你的錢從左手轉到右手，資產總價值不會因此增加，而且將錢換手還要被政府課徵所得稅及健保補充保費。所以選擇高配息商品的目的何在？

選擇低配息甚至不配息的金融商品在台灣有絕對的稅負優勢，市場上有這類商品嗎？如果是指數型基金，同一檔通常會有配息或不配息兩種選擇，我建議選不配息的，沒收到配息就不用繳稅。

金錢不滅，基金的配息並沒有消失，而是留在基金裡幫你繼續賺錢，只要在需要用錢時在電腦或手機 APP 按幾個鍵就可以贖回基金，贖回時因為之前累計的配息已經轉為本金與資本利得，所以不用繳稅。

不配息的「指數型 ETF 連結基金」有節稅優勢

ETF 在國外已經有不配息類型，但台灣還沒有，你應該避開標榜高股息的 ETF，選擇配息率相對較低的指數型 ETF，只是仍然會配息，對高所得者不利。

如果想要享受指數型 ETF 分散投資的好處並減低稅負，可以買進「指數型 ETF 連結基金」，這種基金只能買其契約指定（連結）的指數型 ETF，不能買其他資產標的。你可能覺得很

奇怪，直接買 ETF 不就好了，為何要透過基金多此一舉？

答案是因為這樣可以節稅，台灣的 ETF 都有配息，可透過買連結到 ETF 的不配息基金獲得節稅效果。

以 0050 連結基金為例，連結基金規定現金部位必須在 10% 以下，90% 以上的資金只能投資在 0050，而且依金管會規定，同一家投信公司發行的連結基金投資自家 ETF 不能再收經理費，只能再收 0.02% 銀行保管費。

不配息的指數型 ETF 連結基金節稅效果有多大？以平均稅率 12%、健保補充保費 2.11% 與台灣股市平均股息率約 4% 來計算，如果不拿股息，扣掉保管費後，一年可以節稅 0.5444%（＝ 4% ×（12% +2.11%）－ 0.02%）。

每年節稅的金額看似不大，但如果資產規模夠大，每 100 萬元就可以省下 5,444 元，而且考慮長期複利效果後，對資產累積便有重大影響。

以台股歷史報酬率 9% 計算，投資指數連結基金三十年，若不領股息資產會成長 13.27 倍，但領股息課稅後投回市場，假設交易手續費 0.1425%，資產只會成長 10.98 倍，顯示即使看似微小的節稅效果與交易手續費，對長期投資成果仍有重大影響。

高股息的定期現金流入對資產增長幫助不大

常常有人跟我說，因為他需要或喜歡定期現金流入，所以

偏好定期配息的高股息商品。這個想法值得商榷,配息除了要被課徵所得稅及健保補充保費,配息金額與時間點也不會恰巧完全與你的現金需求金額及時間點一樣。

就需要定期現金流入而言,其實可以不要一開始就取得定期分配收益,而是有需要時才定期或不定期賣掉一部分金融商品,這樣仍然可以有現金流入,而且不需要課稅。

反對者會說出售時有交易成本,還有金融商品不可分割出售的問題,但現在基金都能部分贖回,股票可以零股交易,成本也不高,所以這個問題應該不大。

就喜歡定期現金流入而言,這就是前文說的一鳥在手(股息收益)勝過二鳥在林(未實現資本利得)的謬誤心態,很容易駁斥,因為如此不只損失稅金,拿到現金若又沒有使用,還不是要另外找其他金融商品投入,徒增困擾,而且損失複利效果與交易成本。

用高配息持續投入容易造成不必要的浪費

此外,當你拿到配息的現金而沒有使用的需求時,比較好的決策應該是再把錢投回市場,尤其是年輕人需要累積資本的時候。但是前文提過,相對於賣出,收到現金股息時你已經損失稅金及健保補充保費,將錢投回市場時又損失交易手續費。

況且人類決策行為通常缺乏自制力,從這角度而言,當你

沒有現金需求但手上突然多出錢的時候，會很容易隨便花掉。常常有人在進行非必需的高額消費時，會安慰自己「錢沒有不見，只是變成你喜歡的樣子」，這也是避免認知失調的自我安慰說法，錢用掉就是不見了。

市面上常常有似是而非的說法，鼓吹購買每月配息的高配息商品可以「月月加薪」，甚至所謂的投資達人還會教你組合不同季配息的高股息商品，成為每個月都能領股息的月月配加薪投資組合。這種也只是沒有任何意義的好聽故事。

除了沒有用錢需求時很容易把收到的每月配息隨便花掉，更嚴重的問題是台灣沒有任何公司每個月配息，這類高配息商品之所以能月月配，就是基金收到公司配息後扣住本來應該馬上給你的錢，之後分散在每個月配給你。

本來應該馬上拿到的錢卻還要等，你到底在開心什麼？

高股息的獲益者另有他人

此外，高股息商品還有嚴重的代理人問題。投信公司及證券公司從配息的行政成本及股利再回投的手續費都可以多賺一筆，金融業的特性就是有錢流動就可以賺錢。

高股息策略充滿利益衝突以及代理人問題，最後的贏家是誰？一般投資人想要取得高股息商品的固定配息，卻沒有意識到這將造成總資產無謂的減損，而且還不願意只在有現金需求

時才處分資產。

連自己的財務及現金需求狀況都懶得關注，那付給投信公司高額操作費用和繳交給政府無謂的稅金支出，剛好是愛聽故事或懶惰應該付出的成本。

2023 年某些高股息 ETF 報酬比大盤指數型 ETF 好很多，非常多人跟我說高股息 ETF 很棒，真的是這樣嗎？2023 年高股息 ETF 表現特別好是剛好成分股有幾檔趕上 AI 風潮，你覺得會一直持續嗎？這很難判斷。況且你還要有先見之明，提前上車捉到這股風潮，只會事後諸葛是沒有用的。

這種說法正好是統計學所謂的「樣本選擇偏誤」，也就是以偏概全。股價上漲之後，如果股利沒有跟著增加，下一次調整成分股的時候，這些股價已經漲了一波的股票就會被高股息 ETF 換掉。

你真的覺得下次被換進來的股票還會有持續的價格成長爆發力嗎？仔細想一下，這些不過是某一期間靠運氣偶然造成的高報酬。

追逐高配息股票的基金，其實報酬不佳

從實證資料觀察，美國有些高股息共同基金刻意在某檔股票發股息前購入，藉以增加股息，當持股發完股息就賣掉，繼續尋找之後要發放股息的股票，學者稱為「榨汁」（Juicing）。

勞倫斯・哈里斯（Lawrence E. Harris）等人 2015 年發表的研究指出，1990 ～ 2011 年美國竟然有 7.4% 基金支付的股息是所持股票發放股息的 2 倍以上，也就是說這些基金其實已經配發到本金。[19]

榨汁會吸引資金流入，在不成熟投資人愈多，也就是散戶愈多的基金中更為常見。這些現象很難用稅收或投資人的現金收入需求來解釋，只要改成返還資本給投資人就可以產生免稅分配。榨汁的代價是較低的基金報酬和 1.52% 的額外稅負成本。

高股息主題式 ETF 只是噱頭

台灣第一檔高股息相關的 ETF 是 2007 年 12 月 26 日掛牌的元大高股息 ETF（0056），第二檔是 2017 年 8 月 17 日掛牌的國泰標普低波高息 ETF（00702），第三檔是 2017 年 9 月 27 日掛牌的元大台灣高股息低波動 ETF（00713）。

第一檔掛牌的時間早於其他兩檔約十年，可見一開始高股息相關 ETF 在台灣並沒有受到太多追捧。然而，2018 年高股息 ETF 開始爆發性成長，2018 年開始至 2023 年底，總共掛牌十四檔高股息相關 ETF，到了 2023 年底，台灣市場總共有十七檔高股息相關 ETF。[20]

各投信發覺高股息這個故事很容易吸引投資人，於是將高股息再加入各種好聽的主題元素，例如永續、 ESG、 低碳和高

科技等熱門議題，結合成新的商品。

　　由於好聽的主題故事加上高股息迷思的加持，這些商品往往上市的時候造成搶購熱潮，某檔高股息 ETF 掛牌五個月之內規模就迅速突破 1,000 億新台幣，打破之前台灣 ETF 掛牌後資產成長速度的紀錄。這代表容易被故事迷惑的傾向和高股息迷思確實存在台灣散戶投資人身上。

高股息 ETF 表現不如預期

　　到目前為止，我已經一再說明不應該輕信好聽的故事，要讓數據呈現事實，現在我以成立最久的 0056 與同一時段的 0050 來做比較。不用成立時間比較短的高股息 ETF 來比較是因為短期結果不具代表性，容易受到短期極端事件影響，造成樣本選擇偏誤。

　　假設 0056 每年配息率 7%，0050 配息率 4%，投資人平均稅率 12%，考慮稅負效果後，0056 和 0050 同時掛牌存在期間的稅後年化總報酬率分別是 7.25% 和 8.4%。

　　要注意的是，這樣的計算是假設投資人拿到股利會馬上投回 0056 及 0050，要是將收到的股利輕易花掉，差異會更大。

　　短線靠運氣、長線靠讀書。人生各種小小的迷思，不經意的錯誤，終將不斷累積，造成長期財富的嚴重損耗。建議看到任何標榜「高收益」或「高股息」的商品，包含債券、基金和

ETF，你要能意識到高收益的概念對總資產長期增長沒有幫助。

　　「一切高配息，如夢幻泡影，如露亦如電，應作如是觀。」
迴向給散戶，功德無量。

第5堂 **槓桿與反向型 ETF**

　　槓桿型與反向型 ETF（後文簡稱槓反型 ETF）是以操作期貨或選擇權等衍生性金融商品，來追蹤指數的報酬產生放大或反向的效果。

　　以 2 倍槓桿 ETF 為例，某天指數上漲 1% 時，2 倍槓桿 ETF「每天」的目標就是產生 2% 正報酬。反向型 ETF 則產生與目標指數相反的報酬率，也就是市場上漲 1%，反向 ETF 會產生 -1%的報酬，反之亦然。槓反型 ETF 是預測市場短期走勢的工具，它的淨值會隨著時間自然下跌，因此不適合長期投資。

槓反型 ETF 就是高風險衍生性金融商品

　　槓反型 ETF 和原型 ETF 完全不同，它們是類似期貨和選擇權的衍生性金融商品，相較於直接操作期貨和選擇權，ETF 的優點是沒有到期日，也就無需像期貨和選擇權一樣，到期時要轉換資金投入之後才到期的期貨和選擇權，也就是無須頻繁將資金轉倉操作。

　　然而，買槓反型 ETF 只是將自己操作期貨和選擇權的工

作交到投信公司手上，由投信公司利用期貨和選擇權模擬其追蹤指數的倍數報酬或反向報酬。投信公司負責期貨與選擇權的操作工作，投信公司任何操作及轉倉產生的成本，最終仍然由 ETF 的淨值內扣除，反應在 ETF 淨值。

購買衍生性金融商品的目的，大略分為避險與投機動機。

以避險角度來說，如果手上有某些資產現貨，例如農產品、原油或股票等，買進或賣出相關衍生性金融商品可以鎖定資產未來價格，也就是相關資產未來的漲跌不會造成手上現貨價值損失。

投機就是手上沒有相關現貨資產，但仍然買進衍生性金融商品，希望經由猜測未來價格走勢藉以獲利。

避險需要經過審慎計算，才能決定買賣衍生性金融商品的數量及時機。一般散戶通常沒有避險需求，因此購買槓反型 ETF 的動機比較傾向投機而非避險。

前文討論過短期市場走勢非常難預測，想要利用槓反型 ETF 藉由預測短期市場走勢來獲利的效果通常也不會太好。

槓反型 ETF 不適合長期投資

從長期投資的角度而言，槓反型 ETF 也不是適合的商品。原因非常簡單，整體市場長期必定上漲，長期持有反向型 ETF 必然會產生損失。至於很多人說如果市場長期上漲，持有槓桿

型 2 倍的 ETF「長期報酬率」不就可以提升 2 倍嗎？然而因為槓桿型 ETF 目標報酬率的特殊設計，這個講法並不正確。

槓反型 ETF 的報酬率目標，設定為產生當日指數報酬的 2 倍或反向 1 倍，而非長期報酬率的 2 倍或反向 1 倍，因此長期下來，淨值會有自然侵蝕的效果，隨著時間過去，淨值有自動下降的特質。

舉例來說，當某天槓桿型 ETF 追蹤的指數從 100 跌到 90，跌幅 10%，槓桿型 ETF 的跌幅是 20%，會跌到 80。如果第二天指數漲 10% 回到 99（= 90 × 110%），槓桿型 ETF 只會回到 96（= 80 × 120%）。

當某天指數從 100 漲到 110，漲幅 10%，槓桿型 ETF 的漲幅是 20%，會漲到 120。如果第二天指數跌 10% 回到 99（= 110 × 90%），槓桿型 ETF 會跌到 96（= 120 × 80%）。

造成這個現象的原因很容易理解，因為下跌時計算的價格基礎較高，上漲時的計算價格基礎較低，造成下跌時槓桿型 ETF 的跌幅較大、上漲時上漲幅度較小。換句話說，只要市場有波動，槓桿型 ETF 的淨值自然隨著時間過去而下降。

當然淨值下降幅度取決於報酬率上升或下降的路徑，如果市場一路往上，槓桿型 ETF 確實會帶來更高的報酬，但是也相對承擔較高的風險。

明德‧成（Minder Cheng）等人 2009 年發表的研究指出，

槓桿型 ETF 報酬率設計的特性是，當市場波動愈大，淨值下降的現象就會愈明顯，再加上操作衍生性金融商品的轉倉成本，因此槓反型 ETF 不適合長期買進持有的投資人。[21]

槓反型 ETF 是讓對短期市場方向有「洞見」的人來操作的。股市漲漲跌跌，槓反型 ETF 不管漲跌對一無所知的散戶都絕對不利，自然也不適合長期持有。

槓桿型 ETF 投資風險極高

以元大台灣 50 正 2 ETF（00631L）為例，從 2014 年 10 月 31 日掛牌（收盤價 20.2 元）到 2023 年 12 月 29 日（收盤價 151.2 元），總報酬率 648.51%、年化報酬率 25.18%、年化波動率 32.80%。同一時間，0050 總報酬率 175.94%、年化報酬率 11.99%、年化波動率 16.82%。

00631L 每天承擔 2 倍漲跌波動，因為是市場指數沒有獨立系統風險，亦即其承擔的系統風險就是市場風險的 2 倍，預計日報酬也要是 0050 的 2 倍。換算成日報酬，0050 是 0.0451%，00631L 是 0.0899%，比理論報酬 0.0920% 差一點，但也沒有差很多，因此投資 00631L 只是得到開槓桿時承受更大市場波動應該賺得的報酬，並沒有比較好。

納拉特·查魯帕特等人 2011 年發表的研究指出，交易槓反型 ETF 以短線散戶為主。台灣當沖交易量是市場交易量的

30% ～ 40% 左右，許多人連隔夜的波動都無法承擔，每天結清
部位。[22]

　　根據展望理論，下跌時投資人承受的痛苦程度是上漲時獲
得快樂程度的 2 ～ 2.5 倍。00631L 從 2014 年上市至 2023 年底最
大跌幅為 41.73%，我懷疑有多少 00631L 長期投資人能撐下去堅
持沒退場，然後跑來跑去輸掉更多錢？

原油槓桿型 ETF 下市

　　槓桿型 ETF 造成許多投資人損失慘重的例子，是元大 S&P
原油正 2 ETF（00672L）。原油槓桿 ETF 是另一個台灣資本市場
的奇蹟，2020 年時 00672L 的規模是 380 億元，為同類型 ETF 世
界第一，99% 投資人是散戶。[23]

　　由於 COVID-19 疫情導致全世界原油需求大幅下降，西德
州原油期貨價格經過一陣子下跌，2020 年 4 月初約在 20 美元。
許多散戶投資人覺得原油價格已經到地板，不可能再跌了，大
量買進 00672L，賭原油價格「遲早一定」會反彈，準備大撈一
筆。00672L 在 4 月 20 日的收盤價是 3.68 美元，但淨值只有 0.86
美元，溢價 2.82 美元，也就是溢價幅度高達 327.91%，代表許
多投資人押注原油價格必定會翻轉。

　　但是就在台灣時間 4 月 21 日凌晨，西德州原油期貨價格史
無前例出現負值。想不到原來地板下面還有地下室，地下室下

面還有十八層地獄！由於淨值持續低於 2 美元，00672L 最終於 2020 年 11 月 13 日下市，許多投資人損失慘重。資本市場不是賭場，不懂的不要亂碰，要是「覺得」會漲它就漲，為什麼大家還要上班呢？

第6堂　期貨與選擇權

　　期貨與選擇權屬於衍生性金融商品，因為買賣當下沒有實質交換標的資產，而是到期時根據當時標的物價格決定買賣雙方的損益。從另一個角度來看，投資人可以利用買賣期貨與選擇權的標的資產，再加上借貸資金，來複製其報酬。期貨與選擇因此被稱為衍生性金融商品，具有高槓桿效果。

　　不論期貨或衍生性金融商品都有到期日，原有契約到期後要繼續持有部位，必須買進新一期的契約（轉倉），此時便會產生轉倉成本。由於其高槓桿的特性與轉倉成本，主要做為短期避險或投機工具，不適合長期投資。

期貨交易是標準的零和賽局

　　期貨的英文名稱 Futures Contract，直譯即未來合約，顧名思義就是以未來價格決定買賣雙方的損益。買賣雙方現在訂定契約，在約定的未來時間以固定價格交換約定的資產。這個交換契約是義務，雙方到時都不能反悔，否則有違約的問題與法律責任。

　　由於未來價格不確定，用現在雙方同意的價格在未來交換資產，買賣雙方便會產生同等幅度的損益。期貨是標準的零和賽局，買方賺的金額就是賣方損失的金額，反之亦然。當做標的物的資產非常多元，例如原物料、股票、債券、利率、匯率、溫度、降雨量、虛擬貨幣以及與上述所有標的相關的指數。

　　交換資產只是個概念，有些期貨合約並未要求到期時必須以實物交換，在到期日就現貨價格與期貨合約價格的差異用現金計算交割損益即可。

期貨是用來避險與投機

　　期貨的出現是因為農產品價格避險需求，買賣雙方約定在特定時間以特定價格交換特定標的物。這樣做有什麼好處呢？

　　假設你是栽植玉米的農夫，現在 1 英斗玉米價格是 4.5 元，玉米成長期約三個月，你現在面臨的難題是不確定三個月後玉米價格，但種玉米必須投入各種成本，假設是 3 元，如果三個月後玉米價格跌到 3 元以下，你就會賠錢。

　　這時有人來跟你說，他願意在三個月後用 4.6 元向你買 1 英斗的玉米，這時候你栽種玉米的意願應該會提高，因為賣價是確定的，也就是保證獲利為 4.6 元減掉 3 元，為 1.6 元。

　　當然如果三個月後玉米價格在 4.6 元以下，因為你的賣價固定在 4.6 元，市場跌幅對你沒影響。也可能玉米價格漲到 4.6

元以上，這時候你就會承擔潛在的損失，即玉米當時市場價格減 4.6 元。

然而，重點是不管玉米價格怎樣變動都與你無關，所以玉米生產者的生產意願會因為期貨合約提高，這對整個經濟體的生產效益有正面幫助。玉米生產者在這個例子裡，就是以交易期貨來規避風險的避險者。

是誰接觸生產者，保證三個月後以 4.6 元收購玉米呢？可能有兩種人，第一種是需要用玉米為原料來生產商品的人，例如穀物麥片公司。如果他們用固定價格在三個月後買進玉米，成本也就固定了，生產穀物麥片的意願也會提高，這算是避險者，提供保證收購價格對自己也有好處。

另外一種可能是提出保證收購價格的人沒有玉米需求，純粹猜測三個月後玉米價格會超過 4.6 元，他跟你簽約是希望未來賺入差價，這些人便是所謂的投機者。

從理論上來說，「有資訊」的投機者能夠對未來價格做出相對正確的判斷，長期獲利將是正數。也就是避險者因為避險需求，必須付出相對避險成本給投機者。

選擇權契約在概念上與期貨契約類似，也是買賣雙方訂定契約，在未來以固定價格在約定時間交換約定資產。但選擇權與期貨的重大差異是期貨買賣是義務，但選擇權的買賣對買方來說是權利。

選擇權買方有交割的權利，但沒有義務，也就是當價格走勢對買方不利時，買方可以放棄交割卻不會違約。選擇權也是標準的零和賽局，契約雙方的損益加總仍然為零，具有非常高的槓桿效果，帶有以小博大的特性。

台灣散戶熱中期貨，但操作績效不佳

根據台灣期貨交易所統計，2023 年 12 月台灣散戶期貨與選擇權交易量，占台灣整體市場 48.06%，這產生了有趣的問題。

前文提過有資訊的投機者從理論上來說，預期可以在期貨交易中獲利，否則沒必要持續提供避險服務給避險者。之前也討論過，散戶在現貨的交易是賠錢的，許多研究台灣期貨市場不同類型交易者的獲利性文章也發現，散戶在期貨市場也是賠錢的。[24]

台灣期貨市場有將近 50% 的交易來自散戶，那麼這些散戶應該比較可能是沒有資訊的投機者，而且可能連選擇權的基本定價理論都不清楚。

相關研究更發現當沖期貨交易者因為過度自信、過度相信訊息的可靠性，對訊息的解讀也有嚴重偏誤，因此交易損失比非當沖期貨交易者更嚴重。

如天書一般的「簡單版」選擇權訂價模型

選擇權訂價非常複雜，大學財務金融相關科系至少都要花整個學期解釋基本期貨與選擇權訂價概念，有興趣的讀者可以自行翻閱任何衍生性金融商品的標準教科書，即使是最簡單的選擇權訂價版本，也長得跟天書一樣。

關於是否應該交易期貨與選擇權，我的結論是如果能夠完全理解前文公式，也確切知道某個資產或指數未來短期的價格走勢，確實可以藉由買賣期貨與選擇權獲得短期豐厚獲利。

但是如前文說明的，一般散戶很少有短期預測能力，而且應該也沒有幾個人看得懂選擇權訂價公式，但是通常愈看不懂公式的散戶愈勇於交易選擇權。

散戶不應該花太多心力分析市場走勢，想藉由投資具高槓桿特性的期貨與選擇權來孤注一擲，一夜致富。一般人交易期貨選擇權比較可能的結果是，市場動盪造成期貨選擇權價格因為槓桿效果產生更劇烈的價格動盪，導致膽戰心驚，晚上睡都睡不好。

第7堂　虛擬資產

　　虛擬資產的交易與投資是現在市場上的熱門話題。虛擬資產顧名思義是沒有實體存在的「資產」，只存在於電子紀錄，不產生未來的預期現金收益。虛擬資產為何有價值？

　　前文談過任何東西只要你覺得有價值它就有價值。常見的虛擬資產有虛擬貨幣，其中最有名的是比特幣，是第一個私人發行的加密貨幣，首先出現在 2008 年署名中本聰（Satoshi Nakamoto）的〈比特幣：一種點對點電子現金系統〉文章，為最早也最知名的加密貨幣。

　　加密貨幣是個公開帳目，由分散全世界的電腦共同管理，交易紀錄由所有參與者認證，沒有中心管理機構，交易紀錄經過所有參與者認可，具有去中心化與不可竄改的特質。

比特幣的價值來自於本質主義

　　在公開的「區塊鏈」上，有加密貨幣所有的交易帳目紀錄，區塊鏈其實就是存摺鏈（帳目紀錄），這些帳戶紀錄儲存在成千上萬個互不相識的礦工電腦裡。

　　加密貨幣或許有令人佩服的數學與資料科學理論，但理論無法讓加密貨幣產生價值，除非大家認為它有價值，否則它不會有價值，比特幣的支持者也承認這一點，所以本質主義可以用來解釋這種奇特現象。

　　對支持者而言，比特幣並非投機泡沫，他們認為這本質上與大眾認為黃金有價值是一樣的，人們認為黃金有價值，主要是他們認為其他人也認為黃金有價值。

　　比特幣之所以有價值，是藉由敘事性故事口耳相傳，以及新聞和社群媒體不斷傳播，加強比特幣具有感染力的流行故事。買賣比特幣的人通常喜歡聽與它有關的敘事性故事，但不了解其應用的「高深」技術。然而比特幣價格的劇烈波動，顯示與經濟活動相關的流行性故事，會引起投資者情緒起伏，導致虛擬貨幣價格不規則波動。

比特幣難以取代傳統貨幣

　　比特幣成立的目的之一是取代現有由政府控制的中心化實體貨幣系統，然而比特幣的價值非常不穩定。根據《華爾街日報》報導，比特幣的價格曾經在沒有相關消息面世的情況下，四十小時內上漲 40%。[25]

　　一個東西要能夠當成貨幣，除了必須具有穩定的價值，交易速度也要快到可以滿足大量交易需求。比特幣的交易速度是

每秒三至四筆，以太幣是每秒二十筆，而 VISA 支付系統每秒交易速度高達 1,667 筆。[26] 由此可以看出比特幣價值波動太大且交易速度太慢，幾乎不可能替代現有貨幣。

人們對比特幣的投機熱情和市場價格衡量，並非取決於它的實際用途。比特幣的敘事性故事圍繞在朝氣蓬勃的世界主義年輕人與平庸官僚的對抗，財富差距、不平等、一夜致富的想像、先進資訊科技和一般人無法理解的神祕資訊技術術語。[27]

NFT 價值來自業內關係人的炒作

比特幣是可以互相取代的同質性貨幣，就像你和我手上的錢具有同質性，而且可以互相交換。區塊鏈的另一個應用，是記錄 NFT 的交易。

記錄 NFT 的每個區塊鏈都是獨一無二的，而且交易紀錄及擁有者經過公開去中心化認證，因此可以用來代表藝術品，例如畫作、聲音和影片等獨一無二的數位資產，NFT 也屬於虛擬資產其中之一。

2021 年，身為虛擬貨幣投資者及 Metapurse NFT 計畫創辦者的新加坡程式設計師維涅什・桑達瑞森（Vignesh Sundaresan）支付 42,329 個以太幣（當時市價約 6,930 萬美元）買進美國數位藝術家邁克・溫克爾曼（Michael Joseph Winkelmann，暱稱 Beeple）作品：「每一天：前 5000 天」（Everydays: the First 5000 Days）

的 NFT，這是當時最昂貴的 NFT。

　　但是桑達瑞森是非常早期的加密貨幣投資者，取得以太幣的成本和當時的市價有很大差異，而且他也發行加密貨幣，因此完全有拉抬市場造成熱潮的自利動機。[28] 價格不一定等於價值，歷史上的泡沫很多，NFT 也有成為另一個泡沫的特質。

　　另一個關於 NFT 引人入勝的故事，是伊朗出生的馬來西亞虛擬貨幣創業家希納・艾斯塔維（Sina Estavi）2021 年 3 月以 1,630 個以太幣（當時市價約 290 萬美元）買進推特創辦人傑克・多西（Jack Dorse）在推特剛設立時發出的第一條推文：「just setting up my twttr」的 NFT。

　　然而，2022 年 4 月艾斯塔維財務困難上網拍賣這個 NFT，底價設定為 4,800 萬美元，但最高出價只有 11,000 美元。根據網路媒體「商業內幕」（Business Insiders）2023 年 9 月 20 日報導，95% 的 NFT 已經沒有任何價值。[29]

虛擬資產只適合投機，不適合長期投資

　　看到這裡，讀者應該可以理解我對虛擬貨幣及 NFT 的看法是負面的。虛擬資產的泡沫必定會消失嗎？我覺得不一定，而且泡沫或許會持續很久，原因之一是地下經濟活動對虛擬資產有「剛性需求」，它不受任何政府監管，跨國移轉也幾乎沒有限制，符合地下經濟活動需要的匿名特性及無跨國轉帳限制。

　　此外，太多敘事性故事推波助瀾，虛擬資產的推銷者非常了解人性弱點，常見做法是抓緊你擔心沒有參與到熱潮的心態，也就是 FOMO，利用有人投資虛擬貨幣一夜致富這種具代表性偏誤的故事，來引起你的注意。

　　因為人性，虛擬資產的故事不會消失，而是不斷變形捲土重來，隨時可能變種持續影響金融市場。正如稀有和美麗的鬱金香與鮮花仍受到世人喜愛，鬱金香狂熱可以說是延續至今，只是程度減低了。在各種婚喪喜慶的場合，實質用途不大的鮮花仍廣受歡迎，並助長人們當下的情緒，不論是快樂或悲哀。

　　小賭怡情，如果你想試試短線手氣，而且自認能夠合理預測虛擬資產的短期走勢，交易虛擬資產確實可以帶給你相當的刺激感甚至是財富，但它不是適合長期投資的工具。

第 8 堂　房地產

　　房地產是被熱烈討論、爭議很大的「投資」。嚴格來說，全球很多政府將房地產視為必需品，而非投資商品，常常有控制房價或租金的作為。

　　但是你卻常常聽到有人買房致富，很少聽到有人投資股票致富，主因是許多人選擇買進後「長期持有」房地產，讓長期的複利效果發揮作用，協助資產大幅增長。

　　根據奧斯卡・喬達（Òscar Jordà）等人 2019 年發表的研究指出，1870 ～ 2015 年十六個先進國家共 145 年的資料顯示，房地產的長期平均報酬與全市場股票報酬相近，大約 8%，而且波動比較低。[30]

購置房地產有良好自我控制效果

　　既然股票長期報酬與房地產相近，為何很少聽到有人因為投資股票致富？房地產交易成本太高，購屋者「只好被迫」長期持有，反而能夠獲取長期高額報酬。

　　買房地產的好處是你不會當沖房子，不會沒幾天就換房

子，也不會任意賣掉房子的一部分，自然能控制住想短線交易的衝動，享受長期投資的複利報酬。

但短期交易股票很容易，長期持有股票要克服太多心魔，一般人難以做到。再者，房子分割出售的難度較高，但股票可以隨時賣出一部分。

股票流動性高本來應該是優勢，但對缺乏自制力的散戶投資人反而是無法長期持有資產的劣勢。流動性不佳與不易分割的房地產，正好有提升自制力、避免頻繁交易的自我控制效果，實現長期投資的成果。

房貸的顯著槓桿效果

此外，房地產是銀行喜歡的抵押品，一般人都可以輕易將房地產做為抵押品獲得房貸。房貸利率幾乎是所有貸款利率中最低的，貸款買房又可以創造槓桿效果。

以頭期款 20%，房貸利率 2% 為例，1,000 萬元的房價可以貸款 800 萬元，房地產漲幅以長期每年報酬率 8% 計算，一年就是上漲 80 萬元，扣除利息 16 萬元（= 800 萬 × 2%），淨利是 64 萬元，利用槓桿可以創造出 32% 的報酬（= 64 萬元 / 200 萬元），也就是藉由房貸將 8% 房市報酬槓桿 4 倍成為 32%（4 = 32% / 8%）。

當然如果房價下跌，槓桿也會讓報酬的跌幅更大。然而如

前文喬達等人的論文所言，國外房地產長期與股市一樣都有上
漲趨勢。台灣也不例外，圖表 10 是 2011 ～ 2024 年信義房價指
數走勢，可以看出台灣房價走勢也是長期往上，期間雖然有小
幅下修，但往上的趨勢明確且價格波動不大。

台灣房地產報酬其實不如股市

　　根據《遠見》雜誌報導，至 2021 年文湖線通車 25 年，沿
線的大安區平均房價漲幅最高，一坪從 30.9 萬元漲到 84.1 萬元，
總報酬率是 172.17%。[31] 這樣的漲幅看來相當驚人，但是其實以

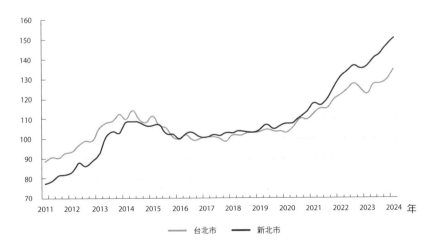

圖表 10　　信義房價指數歷年走勢圖：台北市、新北市

—— 台北市　　—— 新北市

資料來源：信義房屋網站 https://www.sinyinews.com.tw/quarterly

複利來計算年報酬率只有 4.09%，加計租金收入每年約 2%，年平均總報酬不過 6.09%，扣除稅金和維護費用後還會再低一些。

　　台灣股市指數的年平均總報酬率約 9%，二十五年總報酬率約 762%，但前提是要守得住，用股票質借利率比房貸高很多，借貸成數也不如房地產，況且股票價格波動很大，股票槓桿的風險也比房地產槓桿大很多，所以雖然台灣房地產長期報酬仍然不如股市，但對無法控制自己在股市短線交易欲望的人，投資房地產是自我控制的好方法。

房地產造成持續不斷的貧富差距

　　持有房地產產生的長期報酬率，也造成美國歷史上一直存在貧富差距。網飛（Netflix）的紀錄片〈解釋：種族貧富差距〉（Explained: The Racial Wealth Gap）說明，美國白人與黑人的財富差距是由房地產長期增值造成。

　　房地產所在區域也造成教育及就業機會的優劣勢差異，雙方財富差距在林肯解放黑奴後，並沒有縮減，反而繼續加劇。幾百年過去，長期投資的威力仍然顯著影響現代美國社會族群之間的財富差異。

　　世界各地的房地產常常被認為價格過高，尤其是台灣、香港及中國大陸。根據全球數據庫「Numbeo」的調查，2023 年台灣、香港及中國大陸房價與年所得比分別為 20.1 倍、44.9 倍及

34.6 倍，日本是 10.3 倍，美國更只有 4.5 倍。[32] 可見房地產在華人地區只會造成更大的貧富差距。

華人地區這麼高的房價所得比，部分可以用行為財務學來解釋。關於房地產，華人常常掛在嘴邊的話是「有土斯有財」以及「安土重遷」，台灣身分證上有出生地注記，以前還有籍貫登記。

美國完全沒有戶籍制度，在各州遷移是稀鬆平常的事，搬到新的住所把駕照地址改一下就變成那個地方的居民，沒人知道你的出生地，也沒人在意。

異質性與錨定效應造成房地產價格偏高

房地產還有非常凸顯的「異質性」特質，也就是沒有任何房地產會完全一模一樣，不同城市的房價落差極大，即使同一棟大樓，不同樓層每坪單價可能也不同，即便是對門或相鄰的物件，就算面積一樣，採光及方位不同，價值也不同。

正因為每間房子在概念上都是「獨一無二」，加強了購屋者認為房地產供給有限的心理感受。

房地產銷售公司常常利用這種心態，強化某一戶房產有很多人詢問的印象，賣掉就沒有了。打著「供給有限」的旗號很容易誘發購屋者的需求，不論需求是真的還是假的。

新古典經濟學指出供給與需求決定價格，這個理論在行為

經濟學加上心理層面的情緒因素之後也適用。連虛擬資產這種虛無縹緲的東西都能炒作「供給有限」而漲翻天，房子這種實實在在存在，因為異質性而「供給有限」，又容易貸款（用別人的錢賺錢）的標的，為什麼不會漲？

本質主義指出，任何東西你只要認為它有價值，它就有價值。鑽石、黃金、藝術品、比特幣、房子、麥可‧喬丹穿過的運動鞋和小甜甜布蘭妮嚼過的口香糖，都是如此。

此外，房地產也有非常強的錨定效應。假設鄰居的房子剛用 5,000 萬元賣掉，雖然你打從心裡不認為有這個價值，但是當你要賣房子時，底價會定多少？應該是 5,000 萬元以上吧？這種心理也讓不同區域的房子雖然面積、材質或方位都很類似，但因為錨定效應，造成跨區域價格有重大差異。

充滿陷阱的海外房地產投資

前文解釋過房地產不具有跨區比較性，念過不動產定價的人都知道，影響不動產價值最重要的三個因素就是地點、地點、地點。為什麼？因為不動產就是「不會動」的財產。

有些人很喜歡將不同區域，甚至不同國家的房地產拿來比較，其實一點意義都沒有。例如常常有人跟你說歐洲、美國和日本的房子比台灣的便宜很多，台灣的房價太不合理了，有很大的泡沫。問題是你住在台灣，不太可能單單因為美國和日本

的房子比較便宜，就搬去那邊。工作怎麼辦？語言怎麼辦？

　　台灣有很多人熱中投資海外房地產，例如東南亞國家的房地產，通常理由也是當地房地產比台灣便宜很多，具有「上漲」空間。然而，管理國外房地產並不容易，而且外國的法律架構與台灣可能有很大差異，尤其遺產和遺贈稅的處理相當複雜，需要仰賴專業人士協助，費時耗神。因此把這一部分的時間與金錢成本考慮進去之後，是否還划算呢？

　　另一種常見說法是，台灣房地產和香港這種比較貴的地方比起來還是很便宜，所以有很大的上漲空間。這樣的說法跟前文把台灣房地產拿來和比台灣更便宜的地方比較犯了一樣的錯誤。國外的人也不會因為台灣房子相對便宜就一窩蜂來台灣買房子吧？

　　在房地產和金融市場裡，充斥這類似是而非的言論，乍聽之下似乎很有道理，但稍微想一下便知道有講等於沒講，很容易駁斥。理性決策的形成應該講究大規模且可供重複驗證的證據，而不是臆測或基於不同基礎性質的推論。

台灣房地產有泡沫嗎？

　　房地產是否有泡沫是非常難確認的事情，泡沫通常要等到價格暴跌之後才會被確認，也是標準的後見之明。

　　日本房地產泡沫是常常被拿來討論的案例。經歷過 1980 年

代房地產價格不理性大漲後，日本股市及房地產從 1991 年開始下跌，到了 2004 年，東京金融區的「A 級」商業不動產價格暴跌，連高峰時期的 1% 都不到，東京住宅房價也下跌到高峰時期的 10% 以下。

　　台灣房地產會不會也有泡沫，之後也會像日本一樣暴跌呢？關於這一點，由於文化差異，我相信台灣房地產價格非常不可能暴跌。

　　此外，根據弗農・史密斯（Vernon L. Smith）等人的財務實驗研究發現，當資產可以被放空時，價格泡沫比較不容易發生，因為放空機制會造成資產價格下跌的壓力。[33]

　　放空是即使手上沒有相關資產，仍然可以向其他人借入資產賣出，等資產價格下跌時再買回還給出借人，藉此獲利。幾乎所有金融資產都可以放空，放空機制可以讓認為價格過高的人，將其對資產的評價意見反映在資產價格上。

　　但房地產無法放空，應該沒有人會借給你房子放空吧？房地產只能買進或持有後賣出，無法放空，自然會有易漲難跌的傾向，比較容易產生價格泡沫。

房地產是良好的長期投資標的

　　考慮持有房地產的無形成本後，其實長期投資全市場股票指數型 ETF 比投資房地產更有優勢，例如股票具有較高的流動

性，隨時可以變現應急，不用費心費力花時間管理，不會遇到惡房客，也不會買到海砂屋、輻射屋或漏水屋。

市場指數型 ETF 只要買進後放著，坐等增值就好。但也因為股市流動性高，股價上上下下很刺激，人性又難以克服，一般人總喜歡在股票市場短進短出，賺點蠅頭小利就開心。

短線交易還是賠錢的居多，關於這點我前文已經提供許多證據。把動產（股票）當不動產投資一樣有長期致富效果，而且省心省力，但前提是你要學會我的股海心經：「買買買，不要賣，市場波動，視而不見。」

然而每個人都需要有固定居所，如果你沒辦法堅持長期投資股市指數商品，投資房地產定期繳房貸也等於強迫自己定期定額投資，減少不必要的消費，購置房地產提供很好的自我控制機制。

過了幾十年之後回頭看，你會感謝當初決定盡早買房的自己，做了明智的抉擇。除了不用看房東臉色，也會在不經意中透過房地產累積一大筆財富。

時間是投資最好的朋友，這句話不只適用股市投資，也適用房地產投資。

我建議的投資策略

你應該已經理解短期市場波動難以預測，所以我一直推廣長期被動式投資，我常被問長期是多長？是三年還五年？都不是，我所謂的長期是二十年、三十年甚至四十年以上。

　　由於人類短視近利的傾向，很少人可以看到這麼長遠，我才一再強調必須仰賴客觀數據統計並基於歷史事實進行長期投資，以免受到短期市場波動及動聽故事的影響。

　　這裡總結前文所有概念，提出可以實際執行的長期不敗投資策略。

第1堂　資產配置不是愈分散愈好

　　理財是主動的，要理解自己的財務狀況與風險承受能力，積極擬定支出計畫及投資目標與策略。理財規劃主要的工作是資本配置，決定將資金配置在無風險資產及有風險資產的比例，並在合法範圍內，盡量將稅負降到最低。

　　無風險資產包含現金、定存、銀行存款及美國國庫券，有風險資產包含有風險的固定收益證券（即債券）、股票及房地產。債券有國內外長短期國家債券及公司債券，股票則有國內外公司的股票。

　　投資是被動的，指風險性資金配置在資產大類，例如股票、債券及房地產等的比例。投資應該採取長期被動式指數投資，也就是依照各資產類別的市場占比投資，避免短期交易，讓市場長期的成長，成為你資產向上的推力。只有在個人經濟狀況或理財目標改變時，才重新擬定投資策略，而改變資產配置之後，仍然應該採取被動式投資。

　　房地產是好的長期投資項目，我認為每個家戶都應該考慮至少買進一戶自用不動產。全世界不動產價值大約占所有資產

50%，一般人的資產也大約有 50% 在房地產，我在此不多做討論，重點放在其他資產類型，尤其是債券及股票。

現金及存款部位愈低愈好

無風險的現金、定存及銀行存款短期看似安全，長期卻最危險，因為現金購買力長期會被通貨膨脹稀釋，定存及銀行存款的利率通常也非常低，頂多可以抵消通貨膨脹，但很多時候也可能趕不上通貨膨脹的速度。

我建議無風險資產只留下短期支出需要的資金，一般建議準備六個月到一年的家戶現金需求量，準備多少現金及存款視個人遭遇意外時，向銀行融資的能力，也就是信用狀況，信用愈好的人就可以準備愈少的現金。

影響股票及債券配置的因素

前文說明過債券及股票的特性，每個月的收入除了日常生活支出及房貸，剩下的是可以投資在股票與債券的金額。通常債券的風險比股票低，兩者分配比例取決於個人的年齡、風險承受能力及財務目標。

年齡是影響風險承擔能力的重要因素，年輕就是本錢，離退休時間還很遠，資本市場長期趨勢往上，可以承擔較高的風險，促成資產長期較大的上漲幅度。

　　年輕人不應該寄望將所有的錢放在定存，就能在投資期間有很高的財富增長，退休時可以高枕無憂。想獲得高報酬率，就必須承擔高風險，但當年齡愈來愈大時，由於離退休時間愈來愈近，短期資產波動會對退休資產有比較大的影響，承擔的風險要降低。

　　風險承受能力，又分為主觀及客觀承受能力。主觀承受能力是個人對風險的厭惡程度，這部分最難控制，我見過很多人因為無法承擔任何價格波動的風險，把錢都放在定存裡。

　　擁有現金短期看似安全，長期卻最危險；持有股票短期看似危險，長期卻最安全。客觀風險承受能力是指個人生活受資產價值短期大幅下跌的影響程度，通常資產愈多的人，客觀風險承受能力愈高。

　　財務目標是指你在數十年後，一般是退休時，想要達成的財富目標金額，目標愈高，需要承擔的風險就愈大，不可能藉由銀行存款或定存達成極高的財務目標。

　　由於每個人的風險承受能力、財務目標及財務狀況差異很大，很難提出每個人都適用的股票及債券配置通則，建議諮詢獨立財務顧問做出更好的配置決策。

簡化版的資產配置建議

　　如果硬要提出股債配置的通則，我建議股票配置比例是

100 減去年齡，債券配置比例就等於年齡，也就是二十歲的年輕人股票配置比例應該是 80%，而債券是 20%；五十歲的中年人，股票及債券的配置比例應該是各 50%；七十歲的老年人，股票及債券的配置比例是 30% 及 70%。

這個建議想傳達的概念是年輕時應該多承擔風險，因為離退休時間還很遠，年紀大時已經沒有固定收入，需要從資產提取資金支應生活，不能承擔太高風險。

請特別注意，這只是非常不精確的建議，只考慮年齡，其他重要的因素並未列入考量，例如風險承受能力、財務狀況及財務目標，因此不應該盲目遵從。

應該配置多少國外資產？

我還常被問到國內及國外資產的比例應該如何配置。從學理上來說，最分散、最有效率的投資組合，應該要以投資國資產占全世界資產的比例多少而定，例如美國的資產占全世界約 50%，台灣約 1%，理論上最有效率的投資組合是資產的 50% 配置在美國市場，台灣市場只配置 1%。

我相信台灣很少人可以做到這樣的配置，多數人都是配置在本地市場的比例最高，這種做法雖然違反學理，但從實務上來看無可厚非。

例如我打算退休後住在台灣，未來可預期的現金流出主要

是新台幣，當然以新台幣投資為主，沒必要承擔投資國外資產產生的額外匯兌風險。

很多人投資國外資產希望賺到匯差，但千萬不要相信、也不要以為匯率可以預測，況且投資國外資產的風險會與本地資產風險脫鉤，且資產跨國移動時將產生額外的交易成本。

很多台灣人熱中買進開發中國家的高收益債券，例如拉丁美洲及南非的高收益（垃圾）債，是打算退休去南美洲學探戈或去南非打獵嗎？

也有人常說台灣的政治風險很高，所以更要將資產分散到國外。沒錯，台灣政治風險確實很高，如果真的戰爭開打，你的新台幣確實沒用了，除非你能馬上離開台灣，否則放在國外的錢也沒什麼用，到時候錢在國外、人在台灣，更別說你的房子、家人和人際關係能一起帶走嗎？

所以別想利用投資降低政治風險，戰爭風險不可預期，投資策略也無法規避或解決戰爭風險。我的建議是大部分資產應該以投資台灣市場為主，但適當分散部分資產在國外市場，目的是獲得分散投資的好處，而非降低政治或戰爭風險。

資產配置愈簡單愈好

現在太多 ETF 了，選擇 ETF 並不見得比選擇個別股票或債券簡單，因此常常有人討論應該怎麼選擇 ETF，甚至有人開班

收費，教導你如何利用各種 ETF，例如股票 ETF、債券 ETF 和國內外 ETF，達成「完全分散的投資策略」。

　　我是懶惰的人，這些對我來說太累了，被動式投資就是應該簡單又容易執行，如果連被動式投資都要認真花時間研究，耗費的時間成本不就和主動式投資一樣嗎？那麼被動投資的意義何在？

　　我的建議是決定好股債比例和國內外資產比例，再按照比例投資前文建議的那幾檔 ETF 就可以了。或許你仍然會問：「真的這樣就可以了嗎？標的會不會太少不夠『分散』？」答案是不會。

分散風險不是投資愈多愈好

　　ETF 是否具有分散效果，應該看是否與整體市場具有高度相關性，根據理論，市場投資組合就是有效率的投資組合，你會希望自己的投資組合與整體市場相關性愈高愈好。

　　我以最分散的 MSCI 全球市場指數型 ETF「VT」為例，S&P500 指數型 ETF「SPY」與 VT 的相關性高達 95.11%，而在美國掛牌的台灣市場指數型 ETF「EWT」與 VT 及 SPY 的相關性各為 78.07% 與 75.04%。[1]

　　這些都已經具有非常高的相關性，再另外加入其他 ETF 的增額分散效果非常有限，所以只要適當配置在 VT、SPY（或

VOO）和台灣市場指數型 ETF 就好，簡單又省心、省力，且容易執行。

　　台灣投資市場充斥許多似是而非的觀念，我常聽到台積電在 0050 占了高達 49.15% 的市值（以 2024 年 2 月 2 日資料計算），所以個股風險很高，不能代表市場，也不是真正的分散投資。如果要買 0050，不如買台積電就好了，而且光投資 0050 也沒有達到全球風險分散。

　　真的這樣嗎？根據我的計算，0050 從 2003 年 6 月掛牌到 2023 年底，與台灣股價加權指數報酬的相關係數高達 94.59%，關聯性這麼高，五十檔股票已經達成極高度的分散了。[2]

投資最高境界是「無招勝有招」

　　此外，如前文已經提過的實證研究顯示，投資組合包含五十或一百檔股票後，再加入任何股票的邊際分散效果非常有限。這也就是為何 0050 雖然只有五十檔股票，但個別風險幾乎已經分散掉了，所以能與市場高度相關。分散風險與跟市場的相關性，是一樣的觀念。

　　買下台灣市場所有股票的交易成本很高，所以用五十檔股票獲取和市場高度相關的投資組合也是成本及效益的取捨。從全球的角度來看，只買台灣股市是否有分散效果？你認為台積電是純粹的台灣公司嗎？台積電外資持股比例達 75%，你認為

對台積電影響比較大的是全球景氣或台灣景氣？

此外，學術研究指出，在整體世界經濟愈來愈全球化的狀況之下，只要在本地做到風險分散，就能同時達到全球風險分散。[3] 不要光看廣泛指數型 ETF 的組成成分中某個股票比例特別高，就否定它的分散風險效果，這是錯誤觀念，應該要看這個 ETF 是否能真正模擬市場指數的報酬。

生活與工作上的瑣事已經很多，投資應該是最不需要關注和花時間的事情，重點是做好適合自己的資產配置並定期檢視調整，之後遵循分散與被動投資原則，跟著市場長期上漲的趨勢，讓資產隨之成長。

武術的最高境界是「無招勝有招」，投資的最高境界是「手中有股票，心中無股價」。

第 2 堂　別用短期來看股票漲跌

　　美國經濟學家拉吉尼什．梅赫拉（Rajnish Mehra）等人 1985 年發表的研究指出，從理論上來說，股市的實際長期收益率高過債券太多（大概是超過理論應有報酬 15 ～ 20 倍），傳統理性財務學無法合理解釋股票長期報酬率為何高於債券這麼多，因此稱之為「股權溢酬之謎」。[4]

　　財務學可以合理解釋這個現象，根據展望理論，資產下跌產生損失的痛苦程度是上漲產生利得時快樂程度的 2.5 倍。投資股市是為了獲取長期高收益供退休生活所用，股價短期波動沒有太大意義，但投資人卻因為下跌時造成的巨大痛苦而非常害怕短期股價波動。

不要太常檢視自己的投資組合

　　薛洛姆．貝納茲（Shlomo Benartzi）等人 1995 年提出這是由「短視的損失趨避」造成，也就是投資人太常檢視自己的投資組合報酬表現，造成不願意承受短期下跌。[5]

　　舉例來說，投資人有兩個選擇，第一個是將 100 元存在沒

有利息的儲蓄帳戶中，第二個是買股票。

　　假設買股票第一年有 50% 的機率獲得 200 元淨收益，而且有 50% 的機率損失 100 元，這檔股票的報酬路徑如下頁圖表 11 所示。

　　如果第一年上漲 200 元，第二年有 50% 的機率會再上漲 200 元，達到淨收益 400 元，兩年後得到 400 元的機率是 50% 再乘上 50% 等於 25%。但第二年也有 50% 機率會下跌 100 元，兩年的總利得金額便是 100 元，機率是 50% 再乘上 50% 等於 25%。

　　同樣的，如果第一年下跌 100 元，第二年有 50% 機率會轉而上漲 200 元，最後的總收益是 100 元，這樣的機率也是 50% 乘上 50% 等於 25%。因此如下頁圖表 11 所示，中間兩條路徑可以達成第二年淨收益 100 元，且機率各為 25%，加起來是 50%。

　　再者，股票如果第一年下跌 100 元，第二年也下跌 100 元，最終的淨收益便是 -200 元，這樣的機率是 50% 乘上 50% 等於 25%，也就是下頁圖表 11 最下面那條路徑。

　　最後，再進一步假設投資人獲得的效用是投資這檔股票得到的收益金額，而損失帶來的負面效用是利得帶來的正面效用的 2.5 倍。

短視近利會放大短期損失的負面情緒

　　如果投資人短視近利，每年都計算投資某檔股票的效用，

圖表 11　股票報酬路徑

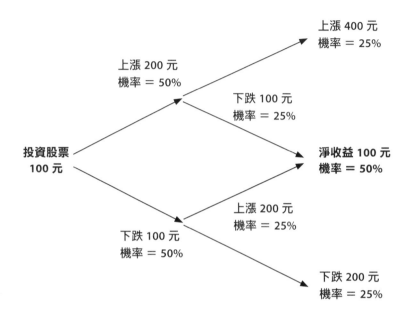

上漲 400 元
機率 = 25%

上漲 200 元
機率 = 50%

下跌 100 元
機率 = 25%

投資股票
100 元

淨收益 100 元
機率 = 50%

上漲 200 元
機率 = 25%

下跌 100 元
機率 = 50%

下跌 200 元
機率 = 25%

如果只計算一年，那麼他就不會投資這檔股票，因為一年後他獲得的效用為： 50% ×200 ＋ 50% × [2.5 ×(-100)] ＝ -25。

雖然股票賺 200 元和賠 100 元的機率各是 50%，平均報酬 100 元為正數，但賠掉 100 元帶來的痛苦程度是賺得 200 元快樂程度的 2.5 倍，如果每年計算最終效用是 -25 元，這樣投資人便不會選擇投資股票，而會將錢放在無風險的儲蓄帳戶裡。

但是如果投資人把眼光放遠，不要太常檢視自己的股票投

資表現，很可能會比較願意持有股票。

　　以相同例子來看，如果兩年之後才檢視股票的報酬率表現，效用如下：25% ×400 ＋ 50% × (100) ＋ 25% [2.5×(-200)] ＝ 25。

　　這時候投資兩年的效用就是正數，也就是如果投資人不要太常檢視股票投資，短期下跌帶來的痛苦沒有意義，股價長期傾向往上漲，持有夠久便會帶來正效用。

過度自信阻礙長期投資

　　要享受股票長期的高額報酬，投資人也需要審慎檢視投資時，是否有過度自信的行為。行為財務學者特倫斯‧歐登 1998 年發表的研究指出，股票市場交易量及價格波動過大，主要是過度自信的投資人覺得自己的預測能力非常好，忽視市場價格的訊息內涵，因此當市場上漲（下跌）時，會堅持己見，只部分向上（向下）調整自己原先的評價。[6]

　　如此一來，當市場大漲就覺得漲多了，急於賣出股票，反之當市場大跌就覺得超跌了，很願意逢低加碼，造成市場交易量增加且價格波動加劇。

　　沒有過度自信的人會相信市場調整價格的效率及複利效果，傾向長期持有與其風險承受能力相當的部位，不受短期價格波動影響，也不做短線交易，反而能享受到長期權益報酬的溢價。

短視近利無法享受到高報酬

　　許多人因為心理偏誤，短視近利而不願意持有股票，造成股票在任一時間的需求比理論需求低，價格也傾向被低估，使得股票未來長期報酬將超出理論甚多，因此堅持長期被動投資股市，綁住自己的手腳不要隨便進出，便可以享受股市長期帶來遠遠超過理論的高收益。

　　但這中間需要克服的正是自己的心魔，切記短期金融資產價格波動是正常的，而且也是必須要承擔的風險，承擔高風險才能帶來高報酬，只要撐過短期波動帶來的心理負面影響，長期必定會有好結果。

第 3 堂　若有資金，請單筆投入

　　我還常被問現在股市好高，單筆投入會不會風險太高？是不是應該分批投入市場比較好？我以前都回答單筆投入盡早享受貨幣成長的價值比較好，今日的高點就是未來的低點，紀錄就是用來被打破的。這是標準的錨定效應，投資應該看資產的未來成長性，看現在指數的歷史相對位置完全沒有意義。

　　前文已經探討過，市場指數與股價只要遇到除息便會往下調降，完全不具跨期可比較性。然而一般投資人的心魔非常重，通常不願意在指數或股價接近高點時投入市場，事後等到市場繼續往上時，又後悔莫及。

單筆投入優於定期定額

　　根據實證研究，單筆投入的勝率和長期報酬都比定期定額好。假設你現在有 100 萬元想投資，這時有兩個選擇，第一個是現在單筆投入市場，第二個選擇是每個月定期定額投入 1 萬元，耗時一百個月（八年四個月）全部投資完畢，這麼長的時間股市可能不知道已經漲到哪了。

　　美國基金公司先鋒集團 2023 年 2 月發表比較單筆投資與定期定額投資報酬率的研究報告，在每年初單筆投入資金或將資金分成三等分定期定額投資，前三個月每個月投入一次，年底結算報酬。假設投資 100% 股票的 MSCI 世界指數，以 1976 ～ 2022 年的統計資料來看，單筆投入的報酬率平均有 68% 機率高於定期定額。[7]

定期定額具有自我控制效果

　　但單筆投入的策略非常違反人性喜歡預測市場的心態，例如想抓低點進場和抓高點賣出的迷思。人們都以為自己可以預測，為了設定「自我控制」的機制，我後來的回答稍微修改。

　　即使看過單筆投資勝率較高的研究資料，還是不放心，就改採定期定額持續投入市場，不管高低點都綁住自己的手腳持續投入，總比都不進入市場來得好很多。

　　定期定額在股價高點時買的股數較少，在低點時買的股數較多，這種說法有些誘（誤）導，但聽起來是很棒的策略。相較於單筆投資，定期定額投資犧牲了一些報酬率和勝率，但這或許就是自我控制必須付出的代價。

投資的耐力比擇時重要

　　根據麥哲倫基金著名的前經理人彼得・林區（Peter Lynch）

計算，假設有兩位投資人在 1965～1995 年三十年間每年固定
投入一筆資金到市場，其中一位具有最完美市場擇時能力，每
年買在最低點，得到的年化報酬率為 11.7%；另外一位很倒楣，
每年都買在最高點，得到的年化報酬率為 10.6%，兩者僅相差
1.1%。[8] 因此投資成功不是看擇時進出的能力，而是留在市場的
耐力。

第4堂 「現在」永遠是
開始投資的最佳時刻

　　到目前為止，我講的長期投資時間是三十至四十年，甚至更長，因此有人問我，他現在五十歲了，還有三十或四十年可以投資嗎？「投資最好的時間是二十年前，其次是現在。」任何時候開始投資，都會產生正面價值，不要一直對過去未曾採取的行動感到後悔。

　　人類餘命愈來愈長，以台灣平均壽命而言，五十歲的人至少都還有二十五至三十五年的平均餘命可以持續投資。根據內政部統計，2022 年台灣人平均壽命 79.84 歲，男性 76.63 歲、女性 83.28 歲，分別高於全球平均水準 6.7 歲及 8.6 歲。

　　台灣已於 2018 年成為高齡社會，2025 年將邁入超高齡社會。[9] 六十五歲以上的老年人口占總人口比例將持續提高，預估於 2039 年突破 30%，至 2070 年達到 43.6%。

何時開始投資都不嫌晚

　　很少人真正意識到台灣有嚴重的金融國安問題，一般人退

休金準備極度不足，未來將出現存活時間超過資產存續期間，需要仰賴社會福利資助的「下流老人」。因此你更要替自己未雨綢繆，妥善準備退休金，以免淪為下流老人。

年紀大了確實剩餘時間不多，更要馬上開始長期投資，坐而言不如起而行。前文提過巴菲特的資產有 99% 是在五十歲之後取得，現在開始長期投資四十年之後你也可以辦得到。

造成退休金嚴重不足的原因主要有金融素養不足、稅制不公、少子化、高齡化，還有勞工退休金及公務人員退休撫卹基金長期報酬率不佳等因素，這些問題大家都看得到、都知道，卻很少意識到問題的嚴重性，尤其政府並未提出系統性的解決方案。

自我充實金融素養

在金融素養不足方面，台灣股市當沖交易非常盛行，占每天交易量的 30 ～ 40%，政府居然還將當沖的證交稅率減半，助長短線投機風氣。[10]

台灣短線交易非常盛行，整體股票市場年周轉率為 300%，大約是美國市場年周轉率的 3 倍。這些數字明顯指出，多數人並不了解短期投資對資產累積有不利影響，也缺乏基礎財務金融及會計知識，投資時更多的是靠直覺、倚賴好聽的故事及親友推薦，因此充實金融素養更顯重要。

注意稅務，不要被稅侵蝕獲利

　　根據德國經濟學家阿道夫・華格納（Adolph Wagner）的租稅公平原則，有所得就要繳稅，這是稅賦公平的原則之一。然而，台灣的薪資所得及股利所得都要課稅，唯有證券交易所得稅暫時停止徵收，這對依賴薪資收入的勞工及依靠投資固定現金流入生活的老年人造成稅負不公，卻對擁有資本的資本家非常有利。

　　從 2012 ～ 2022 年，台灣員工報酬占 GDP 比例自 45.77% 下降至 43.03%，減少 2.74%，顯示勞工薪資占 GDP 比重顯著下滑，過去十年經濟成長的果實是資本家獲取的份額不斷提升，勞工薪資長期停滯不前。

　　前行政院主計長朱澤民說：「GDP 分配比的結構變化，主要是台灣逐漸走上資本及技術密集，也重視研發，資本報酬就提高，受雇員工報酬變少。」[11]

　　同一期間，國內每戶家庭可支配所得前 20% 與後 20% 差距擴大為 6.65 倍，貧富差距也創下十年新高。

　　這些證據的啟發是，你要讓稅制不公轉成對自己有利的因素，既然證券交易所得免稅，資本的報酬率較勞力高，那麼更應該讓自己成為股市的資本家，長期投資加入資本家行列。

　　前文說明過證券交易無論賺賠都沒有課徵所得稅的問題，但交易仍然有手續費與證交稅的負擔。我的建議是買進後長期

持有，證券交易免所得稅對長期投資非常有利，從資本市場賺到的資本利得都不用課稅。

投資時應該避免短線交易，避開高股息商品，採取分散被動式投資。當然最終仍應專注本業，長期投資讓其他資本家和勞工二十四小時幫你工作。

少子化和長壽風險都是退休危機

早期台灣農業社會有養兒防老的觀念，多子多孫多福氣，子女也是主要勞動力來源，進入工業化社會後，勞動力需求大幅降低，家庭型態也改以小家庭為主，加上養育子女的成本提高，於是台灣的生育率不斷下降。

根據美國中情局的資料顯示，2023 年台灣的生育率為 1.09，全球最低。[12] 但各級政府除了提供小恩小惠的生育補助，完全看不出有系統性的解決方案。

根據內政部統計，2020 年開始，台灣每年的死亡人數已經大於出生人數，人口進入持續負成長階段。顯然現代父母退休後無法依靠小孩提供經濟資助，父母須靠自己持續投資。

除了前文簡單討論的高齡化問題，要再提醒的是，雖然現在平均壽命大概「只有」八十歲，但隨著醫療技術不斷進步，人類餘命只會愈來愈長，人壽保險學稱為「長壽風險」。

長壽在華人社會觀念應該是福氣，為什麼會是風險呢？根

據美國國家經濟研究局的定義，長壽風險是「因儲蓄太少、退休太早，且退休後花費太快，造成財富用盡時仍存活的風險」。長壽風險的問題只會隨著時間愈來愈嚴重。

想安然退休，請立刻啟動投資計畫

　　根據勞動基金運用局的新聞稿，新制勞動基金自 2014 年 2 月 17 日成立至 2023 年 11 月底止，年化收益率為 5%。[13] 勞動基金運用局為公務機關，勞工的退休提撥資金統一由其操作，因此每個人的投資組合都一樣。光這一點就違反投資學的基本觀念，每個人可承受的風險不同，財務目標也不同，投資組合也應該不同。

　　此外，由於公務機關特性，操作者是績效誘因不高的公務員，資產配置傾向保守，再加上政府每年有基金最低保障收益的要求，為了達成最低目標，基金操作更趨保守。

　　勞工的退休金資產配置大約股票和債券各占 50%，以台灣和美國股市年平均報酬率約 9%、債券報酬率約 2% 計算，各 50% 放在股票和債券，年平均報酬率大概只有 5.5%。但是退休基金的投資期間這麼長，再加上前文討論的長壽風險，應該要有更積極的資產配置，例如股債配置改成 80%、20%，長期年平均報酬率就可以提高到 7.6%。

　　勞基法規定雇主每月須提繳勞工退休金，金額不得低於勞

工每月工資 6%，勞工可以另外自願增額提撥最高 6%，並享受提撥時免所得稅的優惠。

常有人跟我說應該要盡量自願增額提繳，享受稅賦上的優惠，但這個講法值得商榷。我們以平均稅率 12% 來計算，假設每年提撥免稅的 100 元持續投資四十年，報酬率 5% 計算，會成長為 12,684 元，而且這部分在退休後提出時仍然要課稅。

假設不自願提繳，100 元課稅之後會成為 88 元，每年稅後的 88 元持續投資四十年，以每年報酬率 7.6% 計算，投資四十年之後會成為 22,087 元。因為勞退基金報酬率較低，即使自願增額提繳免所得稅，也無法彌補其長期複利效果較差帶來的顯著損失。

仔細檢視手上現有的金融商品，如果符合本書建議可以留下，不符合的趕快出脫，重新按照資產配置的長期被動投資法則，建構投資組合。靠山山會倒，靠水水會乾，靠人人會老，退休這件事最終還是要靠自己，沒有其他人可以幫你負責。

當你覺得自己時間不多就縮手不投資，只會讓問題更嚴重。任何時間都是開始長期投資的好時機，只怕一直沒有開始。

第 5 堂　沒有本金的年輕人請定期定額投資

　　年輕小資族面臨的理財規劃問題，跟前一節討論的中年投資族類似，例如金融素養不足、稅制不公、少子化、高齡化，還有勞退及退撫基金長期報酬率不佳等因素。

　　小資族另外面臨的明顯問題是資金不足，但他們的優勢是年輕，可以投資的時間非常長。時間是投資最好的朋友，愈早開始長期規律投資，愈能發揮複利的巨大效果。

小資族專注於本業才是正道

　　常常有人說年輕人資金不足，要先當沖或靠短線交易賺快錢才能迅速累積第一桶金，之後再轉為長期投資。但根據 2021 年的媒體報導，從 2018 年開始統計，在當沖違約交割者中，三十九歲以下的年輕人占比近 40%，有一戶的違約交割金額更只有 10, 050 元。[14]

　　如果有進一步資料，應該可以發現這些年輕人主要是社經地位較差的人，不然怎麼會連 10,050 元都繳不出來而違約？這

些人的信用在年輕時就因為違約交割留下汙點,不利於其後一生的財務信用與財富累積。

　　年輕人需要專注本業,提升專業技能與收入,投資則應量力而為,用有餘裕的錢來實行指數被動式長期投資(例如定期定額),如果能避免融資融券、短期交易和當沖短線交易等高風險的投機行為,自然不會有資金不夠的問題。

　　長期投資和口袋深不深無關,所謂積少成多、聚沙成塔,年輕人除非是已經有大量資本的富二代,否則股市長期投資是讓你成為資本家,讓你「白手起家」的最佳途徑之一,但股市短線投機也是讓你永遠「白手」的保證途徑。

長期定期定額複利效果驚人

　　定期定額投資的長期複利效果驚人,下頁圖表 12 為假設每月定期定額投入 1 元到投資帳戶中,每年報酬率為 6%、8% 和 10%,且投資二十年、三十年和四十年後的資產累積價值。

　　可以推算出每個月投資 3,000 元或 5,000 元,投資二十年,在年利率 6% 的假設之下,退休時會有 136 萬元或 227 萬元;如果年利率高達 10%,退休時會有 215 萬元或 359 萬元。這代表當你承擔高風險時,更高的報酬會為長期投資帶來更好的成果。

　　時間就是本錢,如果年輕人二十五歲開始有紀律的每個月定期定額投資 3,000 元或 5,000 元,假設股票市場年平均報酬率

圖表 12　每月定期定額投資 1 元的終期價值

投資年數 年利率	20 年	30 年	40 年
6%	$453	$975	$1,908
8%	$569	$1,409	$3,221
10%	$718	$2,063	$5,550

為 8%，六十五歲退休時正好投資了四十年，這時候會有 966 萬元或是 1,610 萬元。

愈早開始，投入愈多，看似微小的時間與金額差異，透過複利的放大效果之後，會造成顯著的差別。

抑制不必要的消費

常有人問我，每個月 3,000 或 5,000 元對小資族來說可能也是不小的金額，我通常會要他們把家裡沒用的東西和很少穿的衣服與鞋子全部列出來，會很驚訝的發現在沒有用或很少用的東西上面浪費很多錢。

仔細檢查日常消費，你一定會找到有許多可有可無、非必需品的消費，例如出國旅遊、去 KTV 唱歌或夜店喝酒等，每天

少喝 1 杯高檔咖啡、少買衣服和鞋子，或是手機多用兩年，省下錢來每個月投資 3,000 元或 5,000 元並不困難。

長期被動投資愈早開始愈好

我的兩個小孩未滿十八歲時，我就已經幫他們開立證券戶，並跟他們說明投資要愈早愈好和長期被動投資的重要性。我會定期幫他們買進市場指數型 ETF，這樣他們長大之後就會有 1 筆可觀資金可以運用，而且每年在贈與稅的限額之內出資幫他們購買，也可以免除贈與稅及遺贈稅的問題。

沒有大量本金的年輕人更要定期定額長期投資，不需要猜測市場短期走勢，因為時間總是站在年輕人這一邊。長期投資的重點是不要過度運用槓桿，要保持安全邊際，不要把身家押進去，這樣才能避免在市場下跌時被迫賣出核心資產，錯失市場上漲的長期趨勢。

年輕人進入股市是好事，但把股市當賭場，擇時、擇股追求短線獲利對長期財富累積非常不利。股票市場不是短線操作的賭場，而是長期持續累積資本的最佳場域，投資比的不是勇氣，是耐力。

第 6 堂　購買金融商品請洽沒有利益衝突的對象

　　在經濟決策中，利益衝突的問題無所不在，金融市場更是充滿利益衝突的場所。利益衝突是指代理人（金融從業人員）與委託人（投資人）利益不一致的問題。

　　金融從業人員理應站在讓客戶利益極大化的角度，推薦客戶合適的金融商品。但這只是理想，實際狀況是金融從業人員也有自己的利益及目標，而其利益常常與投資人相衝突。手續費和佣金就是很好的例子，一方的利得就是另一方的損失。

請避開利益衝突

　　關於利益衝突的問題，巴菲特說得很好：「永遠不要問理髮師，你需不需要剪頭髮。」否則你可能最後剪髮、洗髮、燙髮和護髮整套一起做了。

　　媒體上每過一陣子便會出現金融舞弊、消費糾紛與陳情案件，類似的情況常常發生，每次事後檢討便會發現這些問題與投資人和金融機構的利益衝突有很大的關聯。

　　現今台灣大部分金融從業人員的薪酬是以投資人交易金額收取某個百分比的佣金，如此一來，金融從業人員便有誘因希望投資人不斷進出市場，這樣薪酬才會跟著提高。

　　於是便產生台灣金融市場有些特殊商品的交易及持有量非常大的奇異現象，當金融從業人員只要一直講故事鼓吹投資人進進出出就能抽佣金賺錢時，你認為他會推銷你喜歡、他好賺的商品，還是推薦對你長期資產與財富增長比較有利、他不好賺的商品？

　　舉例而言，銷售南非幣相關金融商品的佣金相對高，台灣一度成為最大的海外南非幣持有國。[15] 南非和台灣的貿易往來有密切到需要這麼多南非幣嗎？還是有許多台灣人打算退休後移民到南非？又或者有子女在南非求學，所以需要這麼多南非幣因應實際需求？顯然這些都不太可能是真正的原因。

　　台灣人偏好南非幣商品的原因之一是利率較高，但天下沒有白吃的午餐，高利率通常伴隨相當高的貶值風險，果然南非幣十年內跌了 60%，投資人賺了利率卻賠了匯差，白忙一場。

　　從結果論來看，不得不令人聯想這種特殊現象應該是金融從業人員的誘因機制設計不良所導致。

尋求獨立財務顧問的協助

　　投資人應該尋求誰的投資建議比較好？如前文所述，金融

業者是要賣商品給你的人，利益衝突讓他們不是好的投資建議與資訊來源。

我認為台灣應該仿效國外建立獨立財務顧問制度，讓他們提供建議給投資人，只收顧問費而不負責銷售。投資人若要購買金融產品，就參考獨立財務顧問的建議，自己去向金融機構購買。這就是類似醫藥分離的設計，醫藥分離的本意之一，便是要解決醫病之間的利益衝突問題。

然而，台灣的投資人通常不喜歡花錢買「無形」的投資建議，消費者總覺得花了錢就要帶點東西走，例如看醫生後一定要拿藥，不然就覺得錢白花了。

在這種心態下，多數投資人認為金融機構的諮詢服務應該是「免費」的，只有在買進「有形」的金融商品時才需要付費。這種心態造成獨立財務顧問的制度在台灣難以推行，因為大家都不願意花錢買猶如空氣般的專業理財建議，寧願跟理財專員尋求「免費」的建議，然後向其購買金融商品。

天下沒有白吃的午餐

天下沒有白吃的午餐，你真的認為這些建議是專業、沒有偏誤，而且免費的嗎？羊毛出在羊身上，這些「免費」的諮詢，費用早就包含在購買商品時的佣金。

解決利益衝突之道，應該要從導正投資人觀念著手，推廣

長期投資及專業知識有價的觀念。

　　當然這些問題不能完全怪罪於金融機構，誘因機制設計不佳自然會造成對投資人不利的銷售現象。如何善用誘因機制的設計和加強投資人教育，是主管機關、自律機構及金融機構可以思考解決利益衝突問題的方向。

　　投資人最終還是要靠自己，如果無法認知利益衝突問題並缺乏金融素養，任何外力幫助都有限。投資人必須了解投資報酬率與風險之間的正向關係，不可能完全不承擔風險就會有正報酬，也就是沒有金融商品是很好賺又零風險的。

　　此外，投資人也應該根據客觀證據，了解長期被動式投資的優勢，便可免於受到各種好聽故事誘惑。最終目標是消除心理偏誤的影響，堅定走在長期被動式投資的市場指數道路上。

第 7 堂　請保持「留在市場裡」的自制力

　　由於各種人性弱點及行為偏誤，人類的決策並非完全理性，通常都有缺乏自制力的現象。關於人有自我控制問題的例子太多了，像是減肥永遠是明天的事、賴床晚起遲到、手機成癮、菸癮和儲蓄不足等。

　　我問學生設了幾個起床鬧鐘？多數人通常設了兩個以上，如果沒有自我控制的問題，為什麼要設超過一個呢？如果人是完全理性，因為遲到會被記曠課或曠職，成本很高，不是應該要在第一個鬧鐘響起時，馬上起床嗎？

　　為了解決賴床問題，麻省理工學院畢業生高利・南達（Gauri Nanda）設計了會跑的鬧鐘。[16]

　　這個鬧鐘有兩個輪子，當鬧鐘響時，會開始向不同方向以隨機的速度移動，逼人起床尋找鬧鐘，關掉鈴聲，在尋找鬧鐘的過程中人也就醒了。

　　這便是了解自身缺乏自制力，利用外在機制限制或導正行為的好例子。

你需要堅定「留在市場」的自制力

德國投資教父，安德烈·科斯托蘭尼（André Kostolany）說過：「小麥下跌時手中沒有小麥的人，在小麥上漲時，手中也不會有小麥。」當你缺乏投資自制力掉入頻繁猜測市場方向的陷阱時，就算能偶爾避開市場下跌，最終仍會因為錯失市場長期必定上漲的趨勢而產生損失。

主動式投資的問題，在於只要錯過幾次大漲，報酬率就會比長期買進後持有差很多。有人會說同理可證，只要躲過幾次大跌，主動式投資的報酬率就會比長期買進後持有好很多。沒錯，但這要假設在大跌前你都有跑掉，在大漲前都有及時進場。這太難了，因為短期市場難以預測，再加上各種心理偏誤，一般人很難賣在最高點，也很難買在最低點。

通常的情境是這樣的，假設你和我都有同一檔股票，之前已經大漲一波到了歷史高點，現在價值來到 10 元，你害怕它會跌，在開始有下跌現象時用 8 元賣掉了，結果繼續跌到 6 元，這時你心裡一定非常高興，覺得自己跑對了。

但是在 6 元時，你會反手買進嗎？答案通常不會，你還在等更低的「低點」。結果又反彈漲回 8 元，這個時候你怕它繼續漲，於是把股票「追」回來。而我從頭到尾都沒動，現在手上跟你一樣都擁有這檔價值 8 元的股票。

我跟你的差異在哪裡？我從頭到尾都沒動，省了來來回回

的交易手續費和稅金。我不看趨勢，持續定期定額買進，因此在股價跌到 6 元時也持續買進。

根據財務實證研究，市場多頭的時間和漲幅必定遠大於空頭，留在市場雖然躲不過大跌，但一定可以抓到更常見的大漲與市場長期向上的走勢，只要堅持留在市場，長期收益絕對比自以為是跑來跑去要好多了。

尋找合適的自我控制機制

由於人性難以克服想要預測未來的傾向，多數人都不願意相信市場難以預測，股市上上下下非常刺激，怎麼可能不手癢想試試手氣？我建議把不理性的手腳綁起來，股市看看就好，對於沒有資訊優勢的個人來說，長期買進持有才是最好的投資方式，不要誤把雜訊當資訊。

有些人看到股市漲漲跌跌很容易手癢，開始短線交易，這時候控制自己觀察市場的頻率是實際可行的自我控制機制。我常常開玩笑說，投資成功的第一步是刪掉手機的交易 APP，不要一直關注市場漲跌及自己資產價值的變化，只要長期持續投資就會有好結果。

另外有些人喜歡猜高低點進出場，那麼定期定額投資，把手腳綁起來，就不失為好的自我控制方法。想出適合自己的自我控制機制，是每個投資人都必須面對與審慎思考的問題。

結　語
投資的正確道路：指數化被動投資

　　2017 年哈佛大學校長德魯・吉爾平・福斯特（Drew Gilpin Faust）對新生的演講致詞說：「教育的目標是確保學生能辨別有人在胡說八道。」[1]

證據與事實是嚴謹學術研究的基石

　　我是接受傳統理性財務經濟學訓練的學者，撰寫博士論文時，我的研究領域是「市場微結構」，主要研究即時的高頻交易資料，需要處理大量日內資料。

　　資料量實在太大，我請教指導教授是否可以用選取樣本公司的方式縮小資料規模，他說我需要的資料都已經在現成資料庫裡，應該使用完整資料，量愈多愈好，才能確保我的研究具有可信度。

　　最終我的博士論文資料量高達 6 GB，現在看起來沒什麼，一個隨身碟就可以儲存。但當時是 1997 年，我的電腦硬碟容量是 850 MB，也就是需要七個硬碟才能在個人電腦上處理這些資料。這不可能，窮學生哪來這麼多錢，而且當時個人電腦的運

算能力也肯定無法處理這麼多資料。

　　於是我只好申請學校的大型電腦系統，還要簽署不能用來計算核武與核彈道的聲明！

　　從此我的學術生涯就是持續與大量資料，還有各種嚴謹的統計分析與推理為伴。將學術研究成果投稿至學術期刊，這是學者最重要的工作之一，嚴謹的學術期刊審查人要求的是完整的文獻回顧、合理的假說設定、嚴謹的資料分析，以及適切的結果推論，這樣的訓練養成我基於事實推論的習慣。

投資人愛聽故事而非枯燥的客觀證據

　　我拿到博士學位回到台灣之後，發現許多媒體及金融業界對投資策略的說明，比較像是說故事般的直覺式簡單推理，缺乏事實證據的支持。

　　剛開始我覺得非常不可思議，這種缺乏數據證據的簡單推理真的會有人相信嗎？後來接觸行為財務學之後，我才發現愈簡單的故事愈有吸引力，多數散戶其實不相信、也不關心客觀事實，通常只憑「感覺」和「有限的資訊」就隨意的短線進出買賣，這正是有限理性行為的具體呈現。

　　貪、嗔、痴三毒已經試煉台灣散戶無數個輪迴了，許多人仍然執迷不悟。

　　正確的投資理財策略，第一個步驟是理財，這部分是主動

的，亦即根據個人經濟狀況與風險承擔能力決定總資本配置於無風險資產與有風險資產的比例。這個步驟看似簡單，其實非常困難，一般人通常需要專業人士協助，這也是台灣投資人最缺乏適當規劃的部分。

第二個步驟是投資，這部分是被動的，亦即將風險資產配置於股票、債券及房地產的比例。只要盡量分散，依各資產占市場的比例配置好資金，然後長期被動投資即可。這個步驟看似困難，其實非常簡單，分配在相關的被動式市場指數金融商品後，把手腳綁起來就好了。但經過這幾年推廣長期被動投資概念的經驗，我發現對一般投資人來說，難就難在這裡。

躺在指數的道路上耍廢

投資理財看似簡單，但其實需要高度專業知識，不是在電視或網路隨意搜尋資訊或聽投資達人推薦就可以做得好。合適的個人投資理財規劃因人而異，除了指數被動式投資，並沒有通則，也沒有適用任何人的必賺祕笈。

本書著重於基本觀念的建立，無法根據每個人的狀況提出適合個人的理財規劃，建議仍應諮詢獨立財務顧問。

我寫這本書的目的是想要基於各種客觀事實與數據的推論，告訴一般投資人應該如何理性的擬定投資策略。如果我們能教育投資人，提高其金融素養，讓他們理解何種金融商品是

較為合適的投資，克服過度交易等行為偏誤，便可以有效降低短線投機與過度交易的損害，提高投資者福利。

　　如同巴菲特所說的：「在錯誤的道路上，奔跑也沒有用。」我把這句話略微修改，總結我的主要投資理念：「正確的投資方法，是躺在指數的道路上耍廢。」我就以這句話，當做本書的結論。

附注

Part1　重新認識經濟學裡的有限理性

1　關於公益彩券獎金分配規定，參見 https://www.taiwanlottery.com/statutory_disclosure/issue_act，於 2024 年 7 月 20 日查閱。

2　Xiaohui Gao, Tse-Chun Lin, "Do Individual Investors Treat Trading as a Fun and Exciting Gambling Activity? Evidence from Repeated Natural Experiments," *The Review of Financial Studies*, Vol. 28, No. 7 (2015), pp. 2128–2166.

3　關於威力彩頭獎中獎機率，參見 https://www.taiwanlottery.com/lotto/info/super_lotto638，於 2024 年 7 月 20 日查閱。

4　關於每年每個人被雷打中的機率，參見 https://www.weather.gov/safety/lightning-odds，於 2024 年 7 月 20 日查閱。

5　Daniel Kahneman, Amos Tversky, "Prospect Theory: An Analysis of Decision under Risk," *Econometrica*, Vol. 47, No. 2 (1979), pp. 263–292.

Part2　進場前 一定要知道的投資觀念

1　Michael S. Rozeff, William R. Kinney Jr., "Capital Market Seasonality:

The Case of Stock Returns," *Journal of Financial Economics*, Vol. 3, Issue 4 (1976), p. 379–402.

2　Frank Cross, "The Behavior of Stock Prices on Fridays and Mondays." *Financial Analysts Journal*, Vol. 29, No. 6 (1973), pp. 67–69.

3　Josef Lakonishok, Seymour Smidt, "Are Seasonal Anomalies Real? A Ninety-Year Perspective," *The Review of Financial Studies*, Vol. 1, No. 4 (1988), pp. 403–425.

4　Edward M. Saunders, Jr., "Stock Prices and Wall Street Weather," *The American Economic Review*, Vol. 83, No. 5 (1993), pp. 1337–1345.

5　Shao-Chi Chang, Sheng-Syan Chen, Robin K. Chou, Yueh-Hsiang Lin, "Weather and Intraday Patterns in Stock Returns and Trading Activity," *Journal of Banking and Finance*, Vol. 32, No.9 (2008), pp.1754–1766.

6　Alex Edmans, Diego García, Oyvind Norli, "Sports Sentiment and Stock Returns" *Journal of Finance*, Vol. 62, Issue 4 (2007), p. 1967–1998.

7　Charles Mackay, *Extraordinary Popular Delusions and the Madness of Crowds*, 1841.

8　https://www.nytimes.com/2008/10/19/weekinreview/19impoco.html

9　關於東京總地價的報導，參見胡偉良，《經濟日報》，2019 年 7 月 29 日。

10　Owen A. Lamont, Richard H. Thaler, "Anomalies: The Law of One Price in Financial Markets," *Journal of Economic Perspectives*, Vol. 17, No. 4 (2003), pp. 191–202.

11　Malcolm Baker, Jeffrey Wurgler, Yu Yuan, "Global, Local, and Contagious Investor Sentiment," *Journal of Financial Economics*,

Vol. 104, No. 2 (2012), pp. 272–287.

12　Daniel Kahneman, Amos Tversky, "Prospect Theory: An Analysis of Decision under Risk," pp. 263–292.

13　Victoria Husted Medvec, Scott F. Madey, Thomas Gilovich, "When Less is More: Counterfactual Thinking and Satisfaction Among Olympic Medalists," *Journal of Personality and Social Psychology*, Vol. 69(4) (1995), pp. 603–610.

Part3　影響投資成果的 10 個行為偏誤

1　Tom Zoellner, *The Heartless Stone: A Journey Through the World of Diamonds, Deceit, and Desire*, 2007.

2　關於白金與黃金產量比例的報導，參見 https://www.ettoday.net/news/20190203/1349513.htm，於 2024 年 7 月 20 日查閱。

3　關於白金與黃金的價格，參見 https://www.macrotrends.net/2541/platinum-prices-vs-gold-prices，於 2024 年 7 月 20 日查閱。

4　關於歐巴馬吃一半的早餐被放上網路拍賣的報導，參見 https://www.huffpost.com/entry/obamas-half-eaten-breakfa_n_98300，於 2024 年 7 月 20 日查閱。

5　Peter A. Ubel, *Free Market Madness: Why Human Nature is at Odds with Economics-and Why it Matters*, 2008.

6　關於桃園機場保險公司櫃台租金的報導，參見 https://www.ettoday.net/news/20181113/1305110.htm，於2024年7月20日查閱。

7　關於上班族買彩券送妻子當生日禮物中頭獎的報導，參見 https://www.cna.com.tw/news/ahel/202207190082.aspx，於 2024 年 7 月 20 日查閱。

8　關於公益彩券盈餘分配及銷售量簡表，參見 https://www.nta. gov.tw/singlehtml/1522?cntId=nta_10722_1522，於 2024 年 7 月 20 日查閱。

9　Brad M. Barber, Yi-Tsung Lee, Yu-Jane Liu, Terrance Odean, "Just How Much Do Individual Investors Lose by Trading?," *The Review of Financial Studies,* Vol. 22, No. 2 (2009), p. 609–632.

10　關於台灣彩券的冷熱門球號，參見 https://www.taiwanlottery. com/lotto/history/frequency，於 2024 年 7 月 20 日查閱。

11　美國有人用同一組號碼中了三次樂透彩頭獎的報導，參見 https://news.ebc.net.tw/news/world/363225，於 2024 年 7 月 20 日查閱。

12　關於窮人花大錢買彩券的探討，參見 https://www.chinatimes. com/realtimenews/20150516001088-260510?chdtv，於 2024 年 7 月 20 日查閱。

13　Kruger, Justin, Dunning, David, "Unskilled and Unaware of It: How Difficulties in Recognizing One's Own Incompetence Lead to Inflated Aelf-Assessments," *Journal of Personality and Social Psychology*, Vol 77 (1999), pp. 1121–1134.

14　Ola Svenson, "Are We All Less Risky and More Skillful Than Our Fellow Drivers?," *Acta Psychologica*, Vol. 47, Issue 2 (1981), p. 143–148.

15　關於台灣離婚率亞洲排行的報導，參見 https://www.storm.mg/ lifestyle/3650708，於 2024 年 7 月 20 日查閱。

16　Brad M. Barber, Terrance Odean, "Trading Is Hazardous to Your Wealth: The Common Stock Investment Performance of Individual Investors," *The Journal of Finance*, Vol. 55, Issue 2 (2000), pp.

773–806.

17　Simon Gervais, Terrance Odean, "Learning to Be Overconfident." *The Review of Financial Studies,* Vol. 14, No.1 (2001), pp. 1–27.

18　Amos Tversky, Daniel Kahneman, "The Framing of Decisions and the Psychology of Choice," *Science,* Vol. 211, No. 4481 (1981), pp. 453–458.

19　Justine S. Hastings, Jesse M. Shapiro, "Fungibility and Consumer Choice: Evidence from Commodity Price Shocks," *The Quarterly Journal of Economics,* Vol. 128, Issue 4 (2013), p. 1449-1498.

20　Andrew S. Hanks, David R. Just, Brian Wansink, "Smarter Lunchrooms Can Address New School Lunchroom Guidelines and Childhood Obesity," *The Journal of Pediatrics*, Vol. 162, Issue 4 (2013), p. 867–869.

21　Amos Tversky, Daniel Kahneman, "Judgment under Uncertainty: Heuristics and Biase," *Science,* Vol. 185, Issue 4157 (1974), pp. 1124–1131.

22　Thomas J. George and Chuan-Yang Hwang "The 52 Week High and Momentum Investing," *Journal of Finance,* Vol. 59, No. 5 (2004), pp. 2145–2176.

23　Daniel J. Simons, Christopher F. Chabris, "Gorillas in Our Midst: Sustained Inattentional Blindness for Dynamic Events," *Perception,* Vol. 28 (1999), p. 1059–1074.

24　Brad M. Barber, Terrance Odean, "All That Glitters: The Effect of Attention and News on the Buying Behavior of Individual and Institutional Investors," *The Review of Financial Studies*, Vol. 21, Issue 2 (2008), p. 785-818.

25　關於長榮航空連續漲停板的報導，參見 https://reurl.cc/NyQWq9，於 2024 年 7 月 20 日查閱。

Part4　能消除「行爲偏誤」的 9 大自制力投資準則

1　關於《2022 年世界不平等報告》，參見 https://wir2022.wid.world/，於 2024 年 7 月 20 日查閱。

2　Valery Polkovnichenko, "Household Portfolio Diversification: A Case for Rank-Dependent Preferences," *The Review of Financial Studies*, Vol. 18, Issue 4 (2005), p. 1467–1502.

3　關於《紐約時報》對 COVID-19 疫情期間勞工與投資者財富受損程度的報導，參見 https://www.nytimes.com/2021/01/26/upshot/stocks-pandemic-inequality.html，於 2024 年 7 月 20 日查閱。

4　關於台灣較不富裕者與富裕者資產投資於股票的比例，資料統計期間為 1997 ～ 2002 年。

5　Brad M. Barber, Yi-Tsung Lee, Yu-Jane Liu, Terrance Odean, "Just How Much Do Individual Investors Lose by Trading?," p. 609–632.

6　同上。

7　同上。

8　周轉率是指股票市場成交量除以總市值，可以想像成每張股票在市場裡一年換了幾手。

9　Xiaohui Gao, Tse-Chun Lin, "Do Individual Investors Treat Trading as a Fun and Exciting Gambling Activity? Evidence from Repeated Natural Experiments," *Review of Financial Studies*, Vol. 28, Issue 7 (2015), pp. 2128–2166.

10　Brad M. Barber, Yi-Tsung Lee, Yu-Jane Liu, Terrance Odean, "Just How Much Do Individual Investors Lose by Trading?," p. 609–632.

11　以台灣股市 2023 年每天的當沖交易量是當日買進或賣出金額的 40% 左右來估計。

12　Daniel Kahneman, Jack L. Knetsch, Richard Thaler, "Fairness as a Constraint on Profit Seeking: Entitlements in the Market," *The American Economic Review*, Vol. 76, No. 4 (1986), pp. 728–741.

13　這個實驗基於行為經濟學中的經典理論，最早由德國經濟學家維爾納‧古斯（Werner Güth）、羅夫‧史密特伯格（Rolf Schmittberger）和貝恩德‧史瓦茲（Bernd Schwarze）1982 年在科隆大學進行，目的是證明人類的決策不全然基於自利。論文如下：Werner Güth, Rolf Schmittberger, Bernd Schwarze, "An experimental analysis of ultimatum bargaining," *Journal of Economic Behavior & Organization*, Vol. 3, Issue 4 (1982), p. 367–388.

14　Robert Forsythe, Joel L. Horowitz, N. Eugene Savin, Martin Sefton, "Fairness in Simple Bargaining Experiments," *Games and Economic Behavior*, Vol. 6, Issue 3 (1994), p. 347–369.

15　Lucy F. Ackert, Bryan K. Church, Shawn Davis, "Social Distance and Reciprocity," Experimental Economics Center Working Paper Series, Georgia State University (2006).

16　John R. Nofsinger, Richard W. Sias, "Herding and Feedback Trading by Institutional and Individual Investors," *Journal of Finance*, Vol. 54, No. 6 (1999), pp. 2263–2295.

　　Christopher Avery, Peter Zemsk, "Multidimensional Uncertainty and Herd Behavior in Financial Markets," *The American Economic*

Review, Vol. 88, No. 4 (1998), pp. 724–748.

17　Nishant Dass, Massimo Massa, Rajdeep Patgiri, "Mutual Funds and Bubbles: The Surprising Role of Contractual Incentives," *The Review of Financial Studies*, Vol. 21, Issue 1 (2008), p. 51–99.

18　Rutger Bregman, *Humankind: A Hopeful History*, Bloomsbury Publishing (2021).

19　Jeffrey S. Flier, Eleftheria Maratos-Flier, "What Fuels Fat," *Scientific American*, Vol. 297, No. 3 (2007), Special Issue: Feast and Famine, pp. 72–81.

20　羅伯・席勒（Robert J. Shiller），《故事經濟學》（*Narrative Economics*），天下雜誌，2020。

21　廣告完整三分鐘版本請見：https://www.youtube.com/watch?v=qtDMyGjYlMg，於 2024 年 7 月 20 日查閱。

22　麗莎・克隆（Lisa Cron），《勾引大腦》（*Story or Die*），遠流，2021。

23　丹尼爾・康納曼、奧利維・席波尼（Olivier Sibony）、凱斯・桑思汀（Cass R. Sunstein），《雜訊》（*Noise*），天下文化，2021。

24　Philip E. Tetlock, *Expert Political Judgment: How Good Is It? How Can We Know?*, 2006.

25　洪連盛，〈未上市櫃股票交易所得課稅重出江湖〉，《會計研究月刊》，417 期，頁 75–79，2020。

26　關於台股總成交值創新高的報導，參見：https://www.chinatimes.com/newspapers/20210423000105-260202?fbclid=IwAR0cTflXvf8ElvukRiIpfdjnd7Np0qZA480PbJEfSetdpen8nI1Z4wDYl_U&chdtv，於 2024 年 7 月 20 日查閱。

27   Ben Carlson, *Everything You Need to Know About Saving for Retirement,* 2020.

28   Lawrence Fisher, James H Lorie, *Some Studies of Variability of Returns on Investments in Common Stocks*, 1970.

29   這裡小型股投資組合定義，指市值在後 20% 的所有股票的投資組合。

30   Rajnish Mehra, Edward C. Prescott, "The equity premium: A puzzle," *Journal of Monetary Economics*, Vol. 15, Issue 2 (1985), p. 145–161.

31   Shlomo Benartzi, Richard H. Thaler, "Myopic Loss Aversion and the Equity Premium Puzzle," *The Quarterly Journal of Economics*, Vol. 110, Issue 1 (1995), p 73–92.

32   關於巴菲特財富的報導，參見 https://finance.yahoo.com/news/rich-warren-buffett-during-every-120051558.html，於 2024 年 7 月 20 日查閱。

33   關於要短進短出投資累積和巴菲特相同財富的投資金額和時間，感謝高雄大學余歆儀教授提供的計算結果。

Part5　這些商品可以投資嗎？

1   Ben Carlson, *Everything You Need to Know About Saving for Retirement*, 2020.

2   歷史上 S&P 500 指數成分股公司破產的例子有：柯達公司（2012）、通用汽車公司（2009）、雷曼兄弟（2008）、世界通訊（2002）及安隆公司（2001）。

3   資料來源：金融監督管理委員會銀行局，https://www.banking.gov.tw

4　以調整除權息後之每日股價計算總報酬率與風險，原始資料來源為《台灣經濟新報》。

5　關於台灣證券交易所對 ETF 的定義，參見 https://www.twse.com.tw/zh/products/securities/etf/overview/introduction.html，於 2024 年 7 月 20 日查閱。

6　關於聯邦資金利率，參見 https://www.newyorkfed.org/markets/reference-rates/effr，於 2024 年 7 月 20 日查閱。

7　關於 2023 年底美國國庫券殖利率，參見 https://home.treasury.gov/resource-center/data-chart-center/interest-rates/TextView?type=daily_treasury_yield_curve&field_tdr_date_value=2023，於 2024 年 7 月 20 日查閱。

8　Megan Czasonis, Mark Kritzman David, Turkington, "The Stock-Bond Correlation," MIT Sloan Research Paper No. 6108–20 (2020).

9　Miguel A. Ferreira, Aneel Keswani, António F. Miguel, Sofia B. Ramos, "The Determinants of Mutual Fund Performance: A Cross-Country Study," *Review of Finance*, Vol. 17, Issue 2 (2013), p. 483–525.

10　Mark Carhart, "On Persistence in Mutual Fund Performance," *Journal of Finance*, Vol. 52, Issue 1 (1997), pp. 57–82.

11　關於要持續並有規律的打敗股票或債券市場指數非常困難的報導，參見 https://www.nytimes.com/2022/12/02/business/stock-market-index-funds.html，於 2024 年 7 月 20 日查閱。

12　以股利調整後之股價資料計算總報酬，原始資料來源為 finance.yahoo.com

13　以調整除權息後之每日股價計算總報酬率與風險，原始資料來源為 finance.yahoo.com

14 同上。

15 關於富邦越南 ETF（00885）掛牌創下溢價紀錄之報導，參見 https://www.cna.com.tw/news/firstnews/202104190128.aspx，於 2024 年 7 月 20 日查閱。

16 以調整除權息後之每日股價計算總報酬率與風險，原始資料來源為《台灣經濟新報》。

17 明確來說，發放現金需要行政作業時間，所以會設定配發現金前的某一天為除息日以確認持有者名單。除息日前一天擁有資產的投資人才能在配息日獲得現金配發，因此資產價值在除息日會下跌，而非在配息日，但為了方便解釋與容易理解，我不嚴格區分這兩個日期。

18 在本書出版時，股利採分開計稅時，股利所得稅的上限是 28%。股利採合併計稅時，股利所得按 8.5% 計算可抵減稅額，抵減上限為 8 萬元，也就是當你的邊際稅率超過 8.5% 時，股利還是會被課稅。利息收入一年的免稅額是 27 萬，但必須與自用住宅的房貸利息支出互相扣抵。稅負議題非常複雜，不是我的專長和本書重要議題，有疑問請諮詢稅務專家。

19 Lawrence E. Harris, Samuel M. Hartzmark, David H. Solomon, "Juicing the dividend yield: Mutual funds and the demand for dividends," *Journal of Financial Economics*, Vol. 116, Issue 3 (2015), p. 433–451.

20 關於高股息 ETF 數量，資料來源為台灣證券交易所網頁 ETF 專區，網址為 https://www.twse.com.tw/pcversion/zh/ETF/news，於 2024 年 7 月 20 日查閱。

21 Minder Cheng, Ananth Madhavan, "The Dynamics of Leveraged

and Inverse Exchange-Traded Funds," *Journal of Investment Management*, Vol.7, No.4 (2009), pp.43–62.

22 Narat Charupat, Peter Miu, "The pricing and performance of leveraged exchange-traded funds," *Journal of Banking & Finance*, Vol. 35, Issue 4 (2011), p. 966–977.

23 關於 00672L 的分析，參見 https://news.cnyes.com/news/id/4528921，於 2024 年 7 月 20 日查閱。

24 Wei-Yu Kuo, Tse-Chun Lin, "Overconfident individual day traders: Evidence from the Taiwan futures market," *Journal of Banking & Finance*, Vol. 37, Issue 9 (2013), p. 3548–3561.
Chun-Nan Chen, Carl R. Chen, Ying Sophie Huang, "Which Types of Traders and Orders Profit from Futures Market Trading?," *The Journal of Derivatives*, Vol. 21, No. 4 (2014), pp. 49–62.

25 關於《華爾街日報》對比特幣價格快速上漲的報導，參見 https://www.wsj.com/articles/bitcoin-tops-15-000-as-manic-rally-gains-even-more-momentum-1512647315，於 2024 年 7 月 20 日查閱。

26 關於比特幣的交易速度，參見 https://blockcast.it/2017/04/25/bitcoin-and-ethereum-vs-visa-and-paypal-transactions-per-second/，於 2024 年 7 月 20 日查閱。

27 威廉・伯恩斯坦（William J. Bernstein），《群眾的幻覺》（*The Delusions of Crowds*），樂金文化，2021。

28 關於 NFT 的討論，參見 https://www.wired.com/story/nfts-dont-work-the-way-you-think-they-do/，於 2024 年 7 月 20 日查閱。

29 關於 NFT 價值減損的報導，參見 https://markets.businessinsider.com/news/currencies/nft-market-crypto-digital-assets-investors-messari-mainnet-currency-tokens-2023-9，於 2024 年 7 月 20 日查閱。

30　Òscar Jordà, Katharina Knoll, Dmitry Kuvshinov, Moritz Schularick, Alan M Taylor, "The Rate of Return on Everything, 1870–2015," *The Quarterly Journal of Economics*, Vol. 134, Issue 3 (2019), p. 1225–1298.

31　關於文湖線捷運通車周邊房價漲幅的報導，參見 https://www.gvm.com.tw/article/79280，於 2024 年 7 月 20 日查閱。

32　關於 2023 年全球房價所得比的調查結果，參見 https://www.numbeo.com/property-investment/rankings_by_country.jsp?title=2023，於 2024 年 7 月 20 日查閱。

33　Vernon L. Smith, Gerry L. Suchanek, Arlington W. Williams, "Bubbles, Crashes, and Endogenous Expectations in Experimental Spot Asset Markets," *Econometrica*, Vol. 56, No. 5 (1988), pp. 1119–1151.

Part 6　我建議的投資策略

1　關於 EWT 與 VT 及 SPY 的相關性，資料來源 Yahoo Finance。以三個 ETF 同時存在的 2008 年 6 月 27 日到 2023 年 12 月 29 日計算。

2　關於 0050 與台灣股價加權指數報酬的相關係數，以《台灣經濟新報》資料庫提供的資料計算。

3　Koedijk, G., Mathijs A. van Dijk, "Global Risk Factors and the Cost of Capital," *Financial Analysts Journal,* Vol. 60, No. 2 (2004), pp. 32–38.

4　Rajnish Mehra, Edward C. Prescott, "The equity premium: A puzzle," *Journal of Monetary Economics*, Vol. 15, Issue 2 (1985), p. 145–161.

5　Shlomo Benartzi, Richard H. Thaler, "Myopic Loss Aversion and the Equity Premium Puzzle," *The Quarterly Journal of Economics*, Vol. 110, Issue 1 (1995), p. 73–92.

6　Terrance Odean, "Volume, Volatility, Price, and Profit When All Traders Are Above Average," *The Journal of Finance*, Vol. 53, Issue (1998), pp. 1887–1934.

7　Megan Finlay, Josef Zorn, "Cost averaging: Invest now or temporarily hold your cash?" Vanguard Research, 2023.

8　關於彼得・林區的計算，資料來源：「PG財經筆記」https://pgfinnote.com/whether-market-timing-was-an-effective-strategy/#google_vignette，於 2024 年 7 月 20 日查閱。

9　根據國發會的定義，六十五歲以上人口占總人口比例達到 14% 及 20%，分別稱為高齡社會及超高齡社會。

10　2017 年政府決定減半當沖交易的證交稅率，由 0.3% 降為 0.15%，原定實施一年，後來修法延長三年八個月，至 2021 年底，後續又延長到 2024 年底。

11　關於前行政院主計長朱澤民的談話，參見 https://udn.com/news/story/7238/7530295，於 2024 年 7 月 20 日查閱。

12　關於美國中情局對生育率統計，參見 https://www.cia.gov/the-world-factbook/field/total-fertility-rate/country-comparison，於 2024 年 7 月 20 日查閱。

13　關於勞動基金收益率，參見 https://www.blf.gov.tw/49200/49245/49249/161521/post，於 2024 年 7 月 20 日查閱。

14　關於當沖違約的報導，參見 https://www.cheers.com.tw/article/article.action?id=5099907，於 2024 年 7 月 20 日查閱。

15　關於台灣為海外南非幣最大持有國的報導，參見 https://

www.cmmedia.com.tw/home/articles/20730，於 2024 年 7 月 20 日查閱。

16   關於會跑的鬧鐘，產品網頁參見 https://clocky.com，於 2024 年 7 月 20 日查閱。

結語　投資的正確道路：指數化被動投資

1   關於哈佛校長對新生的致詞，參見 https://www.harvardmag azine.com/2017/10/centered-on-community，於 2024 年 7 月 20 日查閱。

國家圖書館出版品預行編目（CIP）資料

長期買進：財金教授周冠男的 42 堂自制力投
　資課 / 周冠男著 . -- 第一版 . – 台北市：遠見
天下文化出版股份有限公司 , 2024.07
288 面；　　公分 . -- (財經企管 ; BCB848)
ISBN　978-626-355-843-4（平裝）

1.CST: 理財 2.CST: 投資

563　　　　　　　　　　　　　113009001

財經企管 BCB848

長期買進

財金教授周冠男的 42 堂自制力投資課

作者 —— 周冠男

副社長兼總編輯 —— 吳佩穎
責任編輯 —— 許景理
美術設計 —— 倪旻鋒
內頁排版 —— 薛美惠（特約）

出版者 —— 遠見天下文化出版股份有限公司
創辦人 —— 高希均、王力行
遠見・天下文化 事業群榮譽董事長 —— 高希均
遠見・天下文化 事業群董事長 —— 王力行
天下文化社長 —— 王力行
天下文化總經理 —— 鄧瑋羚
國際事務開發部兼版權中心總監 —— 潘欣
法律顧問 —— 理律法律事務所陳長文律師
著作權顧問 —— 魏啟翔律師
社址 —— 台北市 104 松江路 93 巷 1 號
讀者服務專線 —— (02) 2662-0012 ｜ 傳真 —— (02) 2662-0007；(02) 2662-0009
電子郵件信箱 —— cwpc@cwgv.com.tw
直接郵撥帳號 —— 1326703-6 號　遠見天下文化出版股份有限公司

製版廠 —— 中原造像股份有限公司
印刷廠 —— 中原造像股份有限公司
裝訂廠 —— 中原造像股份有限公司
登記證 —— 局版臺業字第 2517 號
總經銷 —— 大和書報圖書股份有限公司｜電話 —— (02) 8990-2588
出版日期 —— 2024 年 7 月 31 日第一版第一次印行
　　　　　 2024 年 10 月 2 日第一版第八次印行

定價 —— NT 450 元
ISBN —— 978-626-355-843-4
EISBN —— 9786263558380（PDF）；9786263558373（EPUB）
書號 —— BCB 848
天下文化官網 —— bookzone.cwgv.com.tw

天下文化
BELIEVE IN READING